新时代
职业院校铸魂育人的实践与探索

X INSHIDAI
ZHIYE YUANXIAO ZHUHUN YUREN DE SHIJIAN YU TANSUO

周蒋浒 著

吉林大学出版社

图书在版编目（CIP）数据

新时代职业院校铸魂育人的实践与探索 / 周蒋浒著
. —长春：吉林大学出版社，2023.12
ISBN 978-7-5768-2865-8

Ⅰ.①新… Ⅱ.①周… Ⅲ.①高等职业教育 - 思想政治教育 - 研究 - 中国 Ⅳ.① G711

中国国家版本馆 CIP 数据核字（2023）第 256109 号

书　　名：新时代职业院校铸魂育人的实践与探索
XINSHIDAI ZHIYE YUANXIAO ZHUHUN YUREN DE SHIJIAN YU TANSUO

作　　者：周蒋浒　著
策划编辑：黄国彬
责任编辑：黄国彬
责任校对：黄国彬
装帧设计：繁华似锦
出版发行：吉林大学出版社
社　　址：长春市人民大街 4059 号邮政编码：130021
发行电话：0431-89580028/29/21
网　　址：http://www.jlup.com.cn
电子邮箱：jdcbs@jlu.edu.cn
印　　刷：三河市腾飞印务有限公司
开　　本：787mm×1092mm　　1/16
印　　张：12
字　　数：224 千字
版　　次：2023 年 12 月　第 1 版
印　　次：2024 年 4 月　第 1 次
书　　号：ISBN 978-7-5768-2865-8
定　　价：78.00 元

版权所有　翻印必究

前 言

党的十八大以来,以习近平同志为核心的党中央高度重视思想政治工作,采取一系列重大举措切实加以推进,思想政治工作有效发挥了统一思想、凝聚共识、鼓舞斗志、团结奋斗的重要作用。习近平总书记在各种场合反复论及铸魂育人,不断丰富铸魂育人的概念内涵和实践理论,"铸什么魂""为什么铸魂""谁来铸魂""用什么铸魂"成为当前开展思想政治工作的重要命题和具体任务,逐渐形成有关铸魂育人的系统论述。习近平总书记关于铸魂育人重要论述是对中国特色社会主义教育特征的集中表达,是对中国共产党思想政治教育优秀传统的继承和发扬,是对党和国家教育方针的具体贯彻,是对"立德树人"这一根本任务的具体落实,是对新时代思想政治工作核心任务的精准把握。

青年是整个社会力量中最积极、最有生气的力量,国家的希望在青年,民族的未来在青年。青年学生生逢繁荣发展的新时代,拥有相对厚实的经济基础、丰富的发展资源和多元的发展机遇,但同时也面临着学习、生活、发展等方面的思想困惑、方向迷茫与现实压力。为此,职业院校要综合运用教育教学资源"铸魂育人",通过铸魂实现育人,在育人中完成铸魂,帮助青年学生高度自觉地增强价值定力,强化马克思主义的"行"、中国共产党的"能"、中国特色社会主义的"好"等三个理念,有效筑牢青年学生的思想根基,引导青年学生自觉成长为德才兼备、德智体美劳全面发展的社会主义建设者和接班人。

本书以习近平新时代中国特色社会主义思想为指导，紧紧围绕新时代职业院校铸魂育人这一主题，在总结梳理学校铸魂育人理论源流、实践探索、成功经验、发展趋势的基础上，从"协同育人""文化传承""课程建设""教学改革""教师成长""学校发展"等多方面入手，深入研究职业院校铸魂育人工作的实际状况、现实问题、有效举措等，为建立资源丰富、形式多样、机制健全的新时代职业院校铸魂育人体系提供了切实可行的路径。

目 录

第一章 协同育人篇 ··· 1
第一节 新时代职业教育校企协同育人的价值意蕴与实施路径 ············· 2
第二节 高职教育校企文化融合探析 ··· 8
第三节 高职院校"五进五精"育人模式的路径研究 ··························· 16
第四节 职业院校"五融五促"劳动教育实践 ····································· 26

第二章 素质教育篇 ··· 33
第一节 五年制高职学生综合素质养成特色研究 ································· 34
第二节 多元文化背景下高职学生民族精神的培养 ····························· 52
第三节 职业学校"仁"文化教育实践研究 ··· 57

第三章 课程建设篇 ··· 77
第一节 伟大抗疫精神融入高校思政课的价值意蕴与实施路径 ··········· 78
第二节 对新时代劳模精神融入高职院校思想政治教育的思考 ··········· 84
第三节 五年制高职烹饪专业思政课实效性探索 ································· 89
第四节 职业学校时事教育的现状调查与分析 ····································· 94

第四章 教学改革篇 ··· 101
第一节 思政课教学设计的基本环节 ··· 102
第二节 思政课教学设计创新的着力点 ··· 106
第三节 职业学校思政课实践教学研究述评 ··· 109
第四节 职业学校思政课实践教学现状及对策研究 ····························· 114
第五节 "职业道德与法律"课实践教学探索 ····································· 120

第五章　教师成长篇 ··· 127

第一节　积极心理学对职业学校班主任专业成长的启示 ············· 128
第二节　积极心理学视阈下职业学校班主任专业素养 ··············· 131
第三节　积极心理学视域下职业学校班主任专业化建设的实践 ······· 136
第四节　职业学校班主任专业化建设现状调查 ····················· 140
第五节　思政课说课比赛策略 ··································· 148

第六章　学校发展篇 ··· 155

第一节　职业学校章程内容研究 ································· 156
第二节　"职教特质、地方特色"校园文化的构建 ················· 160
第三节　基于扎根理论的新时代高职院校辅导员管理机制研究 ······· 166
第四节　高职院校党风廉政建设路径探析 ························· 177

参考文献 ··· 183

第一章

协同育人篇

第一节　新时代职业教育校企协同育人的价值意蕴与实施路径

第二节　高职教育校企文化融合探析

第三节　高职院校"五进五精"育人模式的路径研究

第四节　职业院校"五融五促"劳动教育实践

第一节　新时代职业教育校企协同育人的价值意蕴与实施路径

近年来，我国学界也将协同理论引入教育研究领域并逐渐成为官方和学界关注的热点。随着我国经济社会的不断发展，政府、行业组织、企业等主体的职能正在发生一系列的变革，如何从协同育人各利益主体的需求出发，完善政策支持体系，构建校企协同育人模式，有效整合多方资源，为社会培养高素质技术技能人才，成为当前校企协同育人亟须解决的问题。

一、职业教育校企协同育人的价值意蕴

（一）校企协同育人是贯彻落实国家产教融合发展战略的需要

随着经济社会发展、产业转型升级，校企协同育人已上升至国家战略的高度。党的十九大报告强调"要全面贯彻党的教育方针，落实立德树人根本任务"，"深化产教融合、校企合作"。《国务院办公厅关于深化产教融合的若干意见》明确提出"逐步提高行业企业参与办学程度，健全多元化办学体制，全面推行校企协同育人"。《国家职业教育改革实施方案》明确提出"深化产教融合、校企合作，育训结合，健全多元化办学格局，推动企业深度参与协同育人，扶持鼓励企业和社会力量参与举办各类职业教育。"可见，校企协同育人是职业教育深化产教融合、校企合作的着力点，也是新时代职业院校提升内涵质量的重要抓手。只有大力推进校企协同育人，才能培养出社会所需要的高素质技术技能人才。

（二）校企协同育人是深化职业教育人才培养模式改革的需要

职业教育是我国高素质技术技能人才培养的重要领域，肩负着为中国特色社会主义培养合格建设者和可靠接班人的重大使命。当前，职业教育人才供给与社会需求脱节的问题已严重制约了职业教育高质量发展。对于职业教育来说，把人才培养、科技研发、企业成长、市场需求紧密结合起来是其可持续发

展的生命源泉。经济的发展、产业的需求、技术的进步以及政府对职业教育多元主体协同育人的大力推进，对于职业教育人才培养模式改革是一次难得的契机。协同育人已成为职业教育领域深化产教融合的新趋向，成为影响甚至决定职业教育人才培养模式改革创新的重要因素。构建职业教育校企协同育人模式，吸纳多元主体参与育人，通过人才培养主体的多元化实现职业教育人才模式创新，成为职业教育实现人才培养目标和改革创新的必由之路。

（三）校企协同育人是建设高水平"双师型"教师队伍的需要

职业教育要培养出高素质技术技能人才，离不开高水平"双师型"教师队伍。职业院校"双师型"教师一般有两种来源，即引进与培养。一直以来，无论是"双师型"教师的引进，还是"双师型"教师的培养，都存在问题。从引进环节来看，由于学历的限制、薪酬待遇的差距等因素，职业院校很难从企业引进急需的高技能人才。从培养环节来看，由于师资主要是来源于职业技术师范院校、普通师范院校或其他普通高校的毕业生，他们多数缺乏行业企业从业经历，专业实践能力较弱。具备理论教学和实践教学能力的"双师型"教师和教学团队短缺，已成为制约我国职业教育改革发展的瓶颈。构建校企协同育人模式，有助于职业院校与企业深入推进校企合作，形成师资双向流动机制，既可为职业院校教师提升专业实践能力搭建平台，又可拓宽职业院校"双师型"师资引进渠道。

二、职业教育校企协同育人的现实困境

（一）职业院校自身的吸引力不够

1. 职业院校未能在人才培养的全过程实现与行业企业对接

校企协同育人需要职业院校主动向企业开放人力资源、技术资源等，同时在人才培养的全过程实现与行业企业的对接。但当前职业院校大多专注于扩大办学规模、提升办学空间、拓宽办学渠道等，未将自身发展与区域经济发展紧密结合，在专业设置与产业需求对接、课程内容与职业标准对接、教学过程与生产过程对接等方面不够深入。这就导致职业院校培养的人才与社会所需要的人才不匹配，行业企业自然缺乏与职业院校合作的积极性。

2. 职业院校缺乏既精通教学又精通生产实践的"双师型"教学团队

职业院校专业课教师大部分来源于普通高校，缺少企业工作经历，专业实

践能力、动手能力较弱。为了弥补师资不足，不少职业院校也会从企业聘任兼职教师，但来自企业的兼职教师没有接受过师范教育，其教学组织能力、课堂掌控能力较弱，教学效果欠佳。由于职业院校缺乏高水平"双师型"教师队伍，导致社会服务能力不强，对行业企业协同育人的吸引力较弱，校企协同育人的良好局面难以形成，在一定程度上制约了校企协同育人的深度和广度。

（二）企业参与育人的积极性不高

1. 企业在承担社会责任方面担当不够

当前，在我国现行法律法规中没有明确规定企业参与协同育人的权利与义务，导致企业对协同育人缺乏正确认识，协同育人的意识不强、主动性不够、参与度不高。现行的校企协同育人，多数由职业院校单方发起，企业往往处于被动参与的地位，对协同育人的主体地位缺乏认同感，在协同育人过程中很难尽到自己的责任与义务。

2. 企业在协同育人过程中的主体地位未能充分体现

从教育侧看，各地已基本形成了支持职业教育改革发展的比较完整的政策体系。从产业侧特别是企业侧看，由人才"供给—需求"单向链条转向"供给—需求—供给"闭环反馈模式尚未形成。企业尚未在职业院校专业设置、人才培养方案、专业建设、教材开发、教学改革等方面发挥主体作用。例如，企业虽在人才培养方案的制订过程中有一定程度的参与，但在其执行过程中，企业的主体地位得不到体现，企业的预期效益无法得到有效的保障，参与协同育人的合作意愿自然不高。

（三）相关制度机制的适应性不强

1. 相关法律法规有待完善

完善的法律法规是调动各方积极参与校企协同育人的重要保障。发达国家普遍重视校企协同育人的法律法规建设，这些法律法规明确了产教融合参与各方的权利与义务，充分调动了各方参与协同育人的积极性。但我国现行的相关法律法规中，没有明确参与校企协同育人的各主体的权利与义务，也就不能调动各方主动参与协同育人的积极性。同时，也缺少专门针对中小企业的相关技术转移以及有关中介服务组织的法律法规，自然就难以有效调动行业组织、企业参与协同育人的热情。

2. 相关保障机制有待完善

职业教育产教融合尚未建立有效的校企协同育人资金支持机制和多方共同投入、协同共建的资源配置机制，而且也缺乏风险分担机制，相应激励政策也因缺乏地方配套支持，让一些企业参与校企合作的热情受挫。此外，在教师资格认定、职称评定、招生考试、技能型人才待遇、职业资格认证、就业准入等方面的制度和保障还不完善，为协同育人带来了很大困难。总体来看，校企协同育人的政策支持体系和保障机制不健全，校企协同育人总体上呈现表面、功利和间断的局面。

三、职业教育校企协同育人的实践路径

（一）汇聚合作共识

1. 凝聚价值目标

职业教育校企协同育人需要各参与主体汇聚共识，凝聚共同的价值目标。职业教育人才培养各主体之间的价值取向趋同性高、权利权益关联度高、各自优势资源整合度高等鲜明特征为共同体的发展提供了实践场域。职业教育校企协同育人应以产教深度融合为前提，以培养高素质技术技能人才为目标，立足于职业及职业成长规律与教育认知规律的融合，积极吸纳政府、行业组织、企业等多方主体参与育人，在政府的推动与引导下有效地整合政府行政资源、企业技术资源、财力资本等社会优质资源，合理协调各方利益，充分发挥政府、职业院校、行业组织、企业四方的优势，促进各育人主体之间的良性互动，最终实现多方共赢。

2. 找准角色定位

一是政府推动和引导是关键。在推动产教融合、协同育人的工作中，政府应当发挥出统筹规划、资源整合、政策制定、搭建平台的作用，促进构建企业参与职业教育的利益驱动机制。二是职业院校主导是核心。职业院校是校企协同育人的核心主体，在人才培养过程中处于基础地位，应当牢牢把握育人这一根本任务，同时以强化社会服务来促进与行业企业的协同。三是行业指导和监督是保障。行业组织是行业成员利益的代言人和维护者，在协同育人过程中重在搭建沟通协调平台，扮演好指导者、服务者和评价者的角色。四是企业融入和推动是强大生命力所在。企业是校企协同育人不可或缺的主体，企业全方位

地参与协同育人是我国职业教育人才培养模式改革的内在要求,是提升职业教育人才培养质量的必由之路。

3. 服务学生成长

育人是教育的根本目的。校企协同育人要从学生的角度出发,以学生为主体,强调学生的自主学习和发挥学生的创新性,设计符合职业院校学生实际情况的教学模式和人才培养模式。随着职业院校招生规模的不断扩大,职业院校学生就业难问题已成为社会关注的热点。面对日益严峻的就业形势,如何增强职业院校学生综合素质,提升其就业竞争力,是现阶段职业院校面临的重大课题。为此,职业教育校企协同育人必须将学生的全面发展和综合能力提升置于核心地位,不断创新育人模式,通过多种形式的育人平台,有效激发学生的学习兴趣,让学生在协同育人的良好氛围中提升动手能力和创新思维能力,着力提高学生的文化水平、专业技能、操作能力、职业素养等。

(二)共促资源融通

1. 促进师资互融

一是需要改革职业教育人事制度,贯通职业教育师资多方共建通道。在政府的支持下,职业院校建立灵活的专业人才引进机制,设立专项资助经费,聘任行业企业高技能人才、能工巧匠、非物质文化遗产传承人等来校担任兼职教师,参与教学管理和育人过程。二是需要完善职业院校教师到企业实践制度,加强"双师型"教师培训基地建设。一方面,职业院校要完善教师定期到企业实践制度,尤其是新入职专业教师不具备3年以上企业工作经历的,必须赴企业参加一段时间的集中实践锻炼。另一方面,职业院校要联合行业企业,共建"双师型"教师培养培训基地,共建教师企业实践流动站、技能大师工作室等。三是需要校企双方开展全方位的产学研合作。校企在教师和员工培训、课程开发、实践教学、技术成果转化等方面开展深度合作,推动教师立足行业企业,开展科学研究,服务企业技术升级和产品研发。

2. 聚焦教学共融

一是要推动专业设置与产业需求相对接。对接产业需求,科学规划、优化专业布局是职业院校实现健康可持续发展的基础,也是校企协同育人的基础。职业院校在专业设置上要以产业结构为蓝本,精准对接产业需求,从市场的多元需要找准自己的发展定位。二是要推动课程内容与职业标准相对接。大力推进校企双元合作开发教材，共同研究制订人才培养方案，共建共享专业教学资源库。职业院校在课程内容的设置上，应遵循学生认知规律和技能形成规律，注重将职业标准融入课程内容，重视在职业情境中培养学生的综合职业能力，为学生未来的职业发展奠定基础。三是要推动教学过程与生产过程相对接。推进校企建立共建共享的资源认证标准和交易机制。职业院校在教学过程中，及时将新技术、新工艺、新规范纳入教学内容，推行面向企业真实生产环境的项目教学、案例教学、工作过程导向教学等教学模式，推行任务式教学模式，培养学生具备从事生产和适应社会发展的能力。

3．推动文化交融。校企协同育人不是育人要素的简单相加，而是育人要素的互通共融。当然，要实现各育人要素的互通共融，离不开相关文化的交融贯通。职业教育校企协同育人内含校园文化、专业文化、企业文化、行业文化、地域文化等多种文化。校企文化融合就是找寻协同育人主体共同价值观、共同社会责任的文化育人过程。职业院校要利用协同育人的契机，在文化建设上精准发力，将优秀企业文化、行业文化、专业文化、地域文化融入校园文化，在文化相互契合的过程中，传承优秀传统文化，厚植学生的文化底蕴，营造良好的育人氛围，激发学生对所学专业的兴趣，培育劳模精神和工匠精神，提升学生现代职业价值观和综合职业素质。

（三）健全制度机制

1．完善制度保障

一是在宏观层面，政府要加强宏观调控，出台相关法律法规及政策，充分发挥在校企协同育人过程中的引导作用。在法律法规中明确行业组织、企业等参与协同育人的权利与义务，完善校企开展技术合作与转移的法律法规、产教融合中介服务组织的法律法规；建立"政府驱动、职业院校自筹、企业资助、社会支持"的经费投入机制，设立协同育人基金，对参与合作育人的企业给予一定的资助和扶持，对协同育人中表现突出的单位和个人给予一定的奖励；推动相关税法改革，出台企业参与校企协同育人税收优惠细则；设立校企合作专项资金，对企业建立的实训基地给予一定经费支持。二是在微观层面，职业院校、行业组织、企业要出台相关政策与文件支持协同育人。职业院校要将教师在企业挂职锻炼计入工作量，对积极参与协同育人的教师给予奖励等；行业组织、企业也应对参与协同育人的员工，在工作任务指派、薪金分配、职位升迁等方面予以一定的照顾和支持；构建校企人员互通渠道，实现校企人员优势互补、人才资源共享。

2. 共建协同平台

一是共建沟通交流平台。政府建立和完善校企协同育人信息平台，为职业院校、行业组织、企业等提供相关信息，满足校企开展协同育人的需要。职业院校成立校企合作处（科技产业处）、社会服务中心（企业培训中心）等机构，牵头组建由政府相关部门、行业组织和企业等多方参与的协同育人理事会和专业建设指导委员会，定期组织各方召开研讨会或交流会，推进校企协同育人。二是共建实践育人平台。实践育人平台由职业院校牵头，在政府支持和行业组织、企业的积极参与下，按照"共建、共管、共享"原则，组建职教集团，建设科技园、产教园，共建发展联盟、行业二级学院、生产性实训基地、产教融合创新基地、实习实训基地、大学生创新创业基地等，助推校企协同育人深化发展。通过搭建实践育人平台，鼓励行业组织、企业更多地参与到职业院校人才培养过程中，提职业院校业教育人才培养质量。

3. 形成共评机制

构建校企协同育人模式的最高目标就是培养出符合社会发展需要的高素质技术技能人才。在职业教育校企协同育人模式的框架下，人才培养质量是关键，建立人才培养质量共评机制至关重要。《国家职业教育改革实施方案》提出"完善政府、行业、企业、职业院校等共同参与的质量评价机制，积极支持第三方机构开展评估"。职业院校作为校企协同育人模式中最重要的育人主体，应当改变传统的单向度自我评价方式，积极吸收企业、学生、家长、行业组织作为重要的评价主体，加强与第三方研究机构的合作，牵头建立涵盖政府、职业院校、行业组织、企业等的人才培养质量共评机制，实现职业院校人才培养质量的多方协同共评，保证校企协同育人的质量。

第二节　高职教育校企文化融合探析

高等职业教育正处于转型升级的重大关口，过去的发展优势正在衰弱，深层次矛盾逐步显现。未来高职教育持续发展的动力在于加快理念创新、机制创新、模式创新,从关门办学走向开放办学,全面推进产教融合、校企合作的广度和深度。校企文化融合是产教融合的题中之意,是产教融合最重要的内容,也是高职教育改革发展的重要举措。

一、高职校园文化与企业文化的内涵

(一)高职校园文化的基本内涵

高职校园文化是高职院校在教育教学实践过程中逐渐形成的,以校园为主要活动空间,以教职工和学生为主体,以育人为主要导向,以校园精神为核心的组织文化[①]。校园文化属于学术文化,注重培养学生不断探索的精神、求知的欲望、独立思考的习惯和能力;校园文化属于教育文化,关注学生的健康成长和全面发展,注重培养学生积极向上的人生观、价值观;校园文化以精神文化为主,其核心是启发学生的思想。

(二)企业文化的基本内涵

企业文化是企业在生产经营实践活动中逐渐形成的,以企业为主要活动空间,以企业管理者和员工为主体,以实现利润和利益的最大化为主要导向,以企业精神为核心的组织文化[②]。企业文化是企业独特的个性文化经过长期积淀而形成的组织文化,因此具有鲜明的个性化特征。企业文化属于市场文化,其目标是生产优质的产品,同时追求合理的利润;企业文化属于管理文化,其目标是调动员工的积极性,激发员工的潜力;企业文化以制度文化为主,其核心是规范员工的行为。优秀的企业文化已经成为现代企业一项核心竞争优势。可以说,企业文化是影响企业发展的最深层原因,是决定企业兴衰的关键因素。

(三)高职校园文化与企业文化的异同

高职校园文化和企业文化同属于社会文化范畴,包含了社会文化的共性:都具有导向作用、规范作用和凝集作用;都具有文化的共同属性——传承性;都以人为本,以管理为手段,以发展为宗旨;都包括物质文化、精神文化、制

[①] 李昱瑾.高职院校校企文化融合存在的问题与对策研究——以H职业学院为例[D].石家庄:河北师范大学,2017.
[②] 李良.高职校园文化与企业文化融合研究[D].苏州:苏州大学,2011.

度文化、行为文化等文化要素；都对职业生涯规划具有引导性[①]。

高职校园文化与企业文化具有社会文化的共性，但两种文化分别属于社会文化中不同的类型，它们在价值理念、管理机制、组织结构、思维方式等方面存在明显的差异。一是从建设主体来看，高职校园文化建设的主体是师生员工；企业文化建设的主体是企业员工。二是从行为过程来看，高职校园文化的行为过程主要是培养人才；而企业文化的行为过程主要是生产产品。三是从文化氛围来看，高职校园文化是合力文化，允许个性张扬；而企业文化则强调"团队精神"，员工的个性张扬会受到一定程度的限制。四是从价值取向来看，高职校园文化是"育人文化"，其基本价值取向是以满足社会需求，追求社会效益最大化；而企业文化则是"用人文化"，其基本价值取向是注重结果，追求经济效益最大化。五是从主要功能来看，高职校园文化有教育功能、奋斗功能和研究功能等；而企业文化有经营功能、竞争功能和扩张功能等。

二、高职教育校企文化融合的现实价值

校企文化融合是校园文化和企业文化这两种同形态、不同特质的文化之间相互吸收、相互渗透、相互结合，最终融为一体的过程。校企文化融合无论是对高职院校，还是对企业来说都具有十分重要的意义。培养高素质技术技能型人才是高职教育的目标，第三产业和制造业的发展需要大量高素质的服务、技术技能人才，校企深度合作是实现这两者结合最有效的途径。因此，校企文化融合是校企深度合作的必然选择，是高职教育和现代企业共同发展的必然趋势。

（一）校企文化融合是促进校企深度合作的需要

1. 校企文化融合有利于实现校企无缝对接

高职教育以服务为宗旨，以就业为导向，其主要任务是为生产、建设、管理和服务一线培养应用型人才，直接服务于企业，促进区域经济、社会的发展。校企深度合作不局限于校企设备、技术共享，企业为高职院校提供实习场所、参观见习机会、现场教学以及就业岗位等。深层次的校企合作最重要的是校企文化融合，即学校的校园文化要紧贴企业的组织文化，具体体现是学校的专业理念、专业精神、专业方向、专业培养目标、专业标准与企业的文化、规

[①] 周静，张莹，刘福军.职业教育校企文化融合研究综述［J］.职教论坛，2017（26）：44-49.

章制度、岗位要求相吻合、相适应。最终实现学校与企业在文化融合中互惠互利、互相促进、共同成长。

2. 校企文化融合有利于校企协同创新

当今时代，科技发展日新月异，高职院校和企业的发展都离不开创新，协同创新是校企深度合作的基本途径。校企协同创新需要合作双方或多方突破自身壁垒，而校企文化融合恰恰就是突破自身壁垒的催化剂。校企文化融合并不是某一方主宰、另一方依附的此消彼长，而是在保持自身优势和特色的基础上相互取长补短而形成一种和而不同的状态，其最终指向校企双方文化自信、自觉、自强的提升和达成。从根本上说，合作双方的共同强大是合作的目标，也是继续合作的前提。校企文化融合是维系双方合作的纽带，不仅能够帮助校企协同创新，而且能够成为推动双方发展的精神支撑力量。

（二）校企文化融合是高职院校可持续发展的需要

1. 校企文化融合有利于提升高职院校核心竞争力

当前，我国高等职业教育正处于从规模扩张转向可持续发展的关键时期，面临本科院校以及同类职业院校的激烈竞争，特色鲜明是强校之本、发展之基。办学特色不仅体现在专业定位、课程设置、教学管理和社会服务等方面，还体现于独特的校园文化环境。在校园文化建设中，进行校企文化深度融合，吸收不同类型企业的优秀文化，构建具有鲜明行业、企业特色的高职校园文化，高职院校才能具有吸引社会、企业的巨大魅力和竞争力，才能具有持续的活力和发展潜力。只有在文化建设上吸收不同类型企业的优秀文化，才能形成各具特色的高职校园文化，并促进高职院校办学特色的形成[①]。

2. 校企文化融合有利于实现高职院校学生综合素质、能力与企业需求完美对接。校企文化融合使得学生未来的工作环境、工作过程成为在校期间学习的学习环境、教学过程，学生浸润在"润物细无声"的校园环境中潜移默化，自然而然地吸收、适应企业文化。一方面，校园文化与企业文化相互融合，能够让学生尽早接触企业文化，去感受与校园文化有所不同的企业文化，进而减少毕业生进入企业后的文化冲突，缩短毕业生适应工作岗位的时间；能够让学生尽早了解自己未来的就业发展方向，明确学习的目标和要求。另一方面，校企文化融合为高职院校人才培养提供了良好的文化育人环境，使学生在学习基本工

---

① 吴戈.高职校企文化渗透融合的探索及实践[J].职教论坛，2014（26）：39-42.

作技能的同时培育良好的文化素养、培育高尚的道德情操、培育持久的工匠精神，这些生根于内心的文化将伴随他们一生，并决定他们未来职业的高度。

（三）校企文化融合是现代企业发展的需要

1. 校企文化融合有利于提升企业的人力资源竞争力

在校企文化融合过程中，企业应该积极借鉴、利用学校的各方面优势来弥补自身不足，推进企业的发展。校企合作促成高职院校为企业提供更多满足企业需要的人才，提升企业的人才优势。校企文化融合能够使企业的团队意识、协作意识、竞争意识更好地融入到学生的职业教育中。对于企业而言，这些在企业文化熏陶下成长的学生进入企业后会很快适应工作岗位，完成角色转变。同时，学校能够提供更多的学生供企业选择，企业就能够选择那些最优秀、最符合企业需求的人才，这不仅保证了企业发展所必备的人力资源，节省了企业为培养新入职员工的投入和精力，更大大提高了企业员工的整体素质。

2. 校企文化融合有利于塑造企业的文化竞争力

企业文化是企业的魂魄，是企业生生不息的动力源泉。在产教融合中，企业应该把自身的文化特点和学校的文化优势结合起来，不断升华企业的文化内涵，并将其内化于企业的管理过程中，外化为企业的市场竞争力，进而形成特有的文化竞争力优势。校企文化融合为企业打开了一扇吸收外来优秀文化的窗户，成为企业文化升华源源不断的动力源泉，他能够凝聚员工的向心力，激发员工的创造力，提升员工的执行力。

三、高职教育校企文化融合存在的主要问题

（一）彼此认同的理念尚未形成

校企文化融合的原动力来自于校企双方发自内心的自觉自愿。高职院校和企业分别属于不同的社会系统，各自的权属管理、社会定位、运行规律区别很大，实现深度文化融合需要突破诸多障碍[①]。消除这些障碍的关键是要改变双方的错误观念。一方面，高职院校对校企文化融合的重要价值和意义认识不够。很多高职院校在校园文化的规划建设中，常常处于自我封闭状态，缺乏对

---

① 卢利平. 高职教育产教融合面临的困境与出路［J］. 科技创新与生产力，2018（9）：118-120.

企业文化的深入研究和消化，自然就不可能把企业文化融入到校园文化建设中。另一方面，企业对校企文化融合的重要意义和价值认识不够。校企文化建设需要企业投入大量的资源，但在短期内很难给企业带来立竿见影的收益，导致很多大企业缺乏积极性和主动性。此外，有些中小企业并没有形成自己独特的优秀企业文化，自然就没有能力和条件参与校园文化建设。

（二）对学生教育的实效性亟待加强

很多学校对校企文化融合做了大量工作，建设了很多项目，但没有取得明显的成效。一是校企文化融合浮于表面。很多高职院校已经真正认识到校企文化融合的重要性，但对校企文化融合的内涵和本质认识不清、理解不透，只是把一些浅层次的企业文化引入校园，对学生的教育作用微乎其微；有些高职院校竭尽全力引入各种企业文化，却不知道如何实施，这些进入校园的文化处于零散无序、杂乱无章的状态，没有形成系统的教育模式渗透到教育的各个环节和过程当中。二是校企文化融合过度。部分高职院校在校企文化融合过程中，没有准确定位企业文化在校园文化建设中的地位和作用，一味追求校园文化的企业化，丢掉了校园文化自身的优势和特点，导致校园文化建设的自我迷失[①]。校企文化融合不是用一种文化替代另一种文化，而是在保持自己的独立和特色的前提下，充分吸纳对方文化的积极因素，最终实现两种文化的优势互补、共同发展。

（三）多方联动机制有待完善

校企文化融合是一项系统工程，需要政府、高职院校、行业协会、企业等协同参与，全面规划校企文化融合方案，分层次、按步骤推进校企文化融合。只有相关各方分工协作，统一行动，才能将校企文化融合落到实处。校企文化融合需要既统筹规划又分工负责，既全方位推进又专项突破，既制度规范又实践创新，这样持之以恒才能取得实效。高职院校应将企业文化分解为学校的物质文化、精神文化、制度文化、行为文化并有机融入学生教育过程中。当前，校企文化融合缺乏完善的组织机制保证、系统化的制度安排和具体可行的实施细则，相关各方无法形成合力，导致很多高职院校的校企融合进展缓慢、水平不高。

---

① 孙健，臧志军. 高职院校校企合作中的文化融合探讨 [J]. 职业技术教育，2017（23）：69-72.

四、推进高职教育校企文化融合的对策

（一）转变理念是校企文化融合的前提

校企双方首先要充分认识校企文化融合的重要意义和价值，互相取长补短，在理念上达成共识。一是通过校企文化融合实现优势互补。每一种文化都具有双重性，既有不可替代的特色和优势，也有自身的局限性。校园文化和企业文化是两种不同特质的文化，都有自身的优势与特色。校企文化融合不是两种文化趋同，也不是一种文化代替另一种文化；而是两种文化间的交融与整合，是两种文化优势互补，互相借鉴对方优点进而完善自身的过程。二是通过校企文化融合实现合作共赢。校企文化融合必须满足校企双方的利益诉求，双方都能通过文化融合实现自己的目标。首先，校企文化融合要有助于提升学生职业素养。校企文化融合的宗旨是提升学生的职业素养，打造专业技能优势，培养企业需要的人才。其次，校企文化融合要有助于提升学生的就业能力。校企文化融合的最终目的是提升学生的就业能力，让学生走出校门就能直接走上工作岗位。再次，校企文化融合要有助于促进企业成长和地方经济发展。校企文化融合要以促进地方经济发展，实现学校、企业、社会、学生多方共赢为出发点，这样的校企文化融合才有生命力。

（二）营造氛围是校企文化融合的基础

高职院校在校园文化环境建设中必须全方位融入企业文化，让优秀的企业文化渗透到学生的学习、生活环境中，充分发挥环境对学生教育、成长的熏陶作用[①]。如学校将本校优秀文化传统、专业特色和优秀企业的文化元素完美融为一体，通过文化橱窗、文化走廊、文化展览馆、行业名企榜、企业名人墙、优秀校友墙、优秀作品墙等展示在学生生活的空间里，在潜移默化中走进学生心里；通过校园网站、公众号、宣传栏、电视台、广播站、黑板报、涂鸦墙及各种讲座、论坛、学生活动让学生逐步理解并认同企业的精神、理念、制度等，培养学生良好的职业素养；在学生的生活管理和学习成绩考核中，可以适当引入企业的计划、任务、竞争、奖惩等机制，也就是说，可以把学生作为"准职工"进行一定程度的企业化管理。

---

① 孙静华，胡冬艳.高职院校校企文化对接与融合的研究［J］.教育与职业，2013（21）：33-34.

(三) 有序组织是校企文化融合的保障

校企文化融合是一项系统工程，需要强有力的组织领导，相关各方必须合理分工，互相配合，并设立与之适应的组织机构。校企双方联合成立"校企文化融合执行委员会"，其主要职责和任务是校企双方共同确定人才培养目标、共同制定教学计划、联合开发课程、共建师资队伍、共建实训基地、共享技术、共同提高人才培养质量，对校企文化融合进行整体规划、统筹安排、逐步推进。可以广泛邀请政府、行业、企业、高职院校的领导、专家、高管、职工代表定期召开研讨会议，开展交流展示活动，为校企融合出谋划策。在推进校企文化融合过程中，必须厘清以下几点思路：一是校企双方要共同参与校企文化融合的全过程，双方只有分工协作、紧密配合，才能推动校企文化融合日臻完美；二是在校企文化融合的过程中要分清主次，抓住重点环节，重点突破；三是校企文化融合不是一蹴而就的，而是一个由表及里、由浅入深、由点到面的过程，是一个循序渐进、不断完善的过程，所以要分阶段、分步骤、分层次推进。

(四) 搭建平台是校企文化融合的动力

校企文化融合不能仅仅局限于学校内部，更应该将学校打造成校企文化融合交流的平台，通过这个平台吸引、传播各种优秀的企业文化。如开展各种社会实践活动，组织学生到企业、工业园区参观，指导学生开展企业文化调研；邀请企业家、技术专家、劳动模范、优秀员工代表来校作讲座、专题报告，分享企业的宗旨、服务理念、核心价值等；邀请知名企业开展校园文化节等主题活动，宣传企业的文化；依托企业建立学徒制学生社团，学生同时也是企业的兼职员工，利用假期等业余时间到企业工作；学校与企业联合开展专业技能竞赛，将创新意识、竞争意识、市场意识等文化内涵融入竞赛过程，提升学生职业素养。

(五) 融入教学是校企文化融合的关键

校企文化融合的落脚点在于将企业文化融入教学全过程，融入学生学习全过程，这是校企文化融合的关键所在。校企双方联合开展订单式培养模式，结合企业培训员工的方式把企业文化直接引入课堂，让学生在每天的学习中感受企业文化的熏陶；建立教师与企业技术骨干双向流动的机制，高职院校安排专职教师到企业从事生产实践锻炼或挂职锻炼，企业安排技术骨干到高职院校指导教学或参与教学改革；结合行业、专业特点，开发校企文化融合系列教材，将专业文化、企业文化、校园文化三者有机结合起来，编纂内容生动、特色鲜明的专用教材；共建实训、实习基地，让学生在真实的工作环境中实干真做，做人与做事交织揉搓，专用技能和通用能力的学习融为一体[①]；建立"名师工作室"，整合校企双方的优势资源，推进协同创新，共克技术难关。

文化是企业发展的灵魂，也是青年学子职业生涯的灵魂，校企产教融合的重中之重是文化融合。我们要深刻领会国务院办公厅发布的《国务院办公厅关于深化产教融合的若干意见》的精神，充分认识校企文化融合的重要意义和价值，并认真分析目前存在的问题，按照教育部等六部门发布的《职业学校校企合作促进办法》中提出的校企合作的形式和措施推进校企文化融合。我们以校企文化融合为主线和突破口，聚集行业、政府、学校、企业、社会等各方力量，积极主动推进校企产教融合各项实践，逐步推进校企产教融合的广度、深度，校企产教融合必将为新时代培养优秀职业人才开拓一条广阔的道路。

第三节 高职院校"五进五精"育人模式的路径研究

高职院校作为高等教育的一个类型，其根本任务就是立德树人。高职院校贯彻落实立德树人根本任务就是要坚持中国特色社会主义办学方向，坚持育人为本，德育为先，着力构建"三全育人"工作体系，不断提升人才培养的针对性和实效性，切实担负起培养德智体美劳全面发展的社会主义建设者和接班人的历史使命。

---

① 中国旅游协会旅游教育分会.中国旅游教育蓝皮书 2017–2018 [M].北京：中国旅游出版社，2018：277–278.

一、高职院校实施"三全育人"的价值意蕴

（一）落实立德树人根本任务的重要举措

党的十九大明确指出，要落实立德树人根本任务，推进教育公平。① 习近平总指出"教育要以造福人民为工作目标，要把立德树人融入思想道德教育、文化知识教育、社会实践教育各环节"。② 为了满足广大人民对美好生活的向往，国家对职业教育提出了更高要求，要"推进职业教育领域'三全育人'综合改革试点工作"。③ 高职院校落实立德树人根本任务，就是以新时代中国特色社会主义思想为指导，将思想政治教育作为主线和中心，融入知识教育、技能训练、社会实践教育各环节，贯穿教育各领域，形成全员参与、全员负责、全员监督的育人体系，从根本上落实立德树人根本任务。

（二）提高高职院校人才培养质量的必由之路

培养德智体美劳全面发展的社会主义建设者和接班人，是当前高职院校面临的重大课题。高职院校高质量发展的核心是人才培养的高质量，高质量发展首先是所培养人才的可持续发展。"三全育人"聚焦"培养什么人、怎样培养人、为谁培养人"这一根本问题，通过全员、全过程、全方位育人，有效整合协同高职院校各项教育工作，充分调动各项育人元素，挖掘一切校内外育人资源，打造全方位、立体式的育人时空，形成开放整合的"育人场"和素质修炼的"大熔炉"。"三全育人"有效地解决了以往育人工作实效性不足的现实，充分体现了立德树人的内在要求，契合了高职院校高质量发展的需求，顺应了职业教育人才培养的发展趋势。

（三）培养高素质技术技能人才的客观需要

高职院校人才培养强调德技并修，重在"育心铸才"。"育心"着眼于成人教育，旨在引导高职院校学生坚定理想信念，培育并践行社会主义核心价值

---

① 习近平.决胜全面建成小康社会夺取新时代中国特色社会主义伟大胜利［R］.中国共产党第十九次全国人民代表大会，2017-10-18.
② 习近平.全国教育大会上的讲话［R/OL］.［2018-09-10］.http://www.gov.cn/xinwen/2018-09/10/content_5320835.htm.
③ 国务院.国家职业教育改革实施方案［A/OL］.［2019-07-22］.http://www.gov.cn/zhengce/content/2019-02/13/content_5365341.

观。"铸才"着眼于成才教育,旨在深入推进教育教学改革,形成知识传授、能力培养、价值观塑造等齐头并进的人才培养链。"三全育人"着眼于培养德智体美劳全面发展的时代新人。在理念上,强调整体协同育人,促进学生终身学习、全面发展。在目标上,突出培养学生的创新能力和社会责任感。在方法上,注重运用大数据等新兴载体,实现全时空、跨领域育人格局。"三全育人"通过构建课内与课外、校内与校外、线上与线下的全领域覆盖、全要素融合的立体化育人体系,更加有利于全方位培育高素质技术技能人才。

二、困境与缺失:高职院校实施"三全育人"的现实境况

(一)理念困境

1. 在理解人人出彩的教育观上有偏差

长期以来,由于职业教育的定位始终未能明确,加之本科多年扩招带来的影响,职业教育在现实中日渐成为普通教育的一种补充,成为为社会"兜底"的教育,成为家长"无奈"的选择。不少人甚至有部分职业教育工作者将职业教育看成是"失败者"教育,这显然是不对的。事实上,随着我国进入中国特色社会主义新时代,各行各业对技术技能人才的需求越来越紧迫,职业教育的重要地位和作用越发凸显。国务院发布的《国家职业教育改革实施方案》明确指出,职业教育与普通教育是两种不同教育类型,具有同等重要地位。[①] 职业教育工作者必须要清醒地认识到职业教育的地位和重要意义,走出应试教育评价体系的误区,用"人人皆可成才、人人尽展其才"的理念引领育人,努力疏通职校生成才渠道。

2. 在把握五育并举的育人观上有偏差

五育并举成为新时代新形势下育人工作与时俱进的衡量标准,达成这一重要标准需要将"立德树人"贯穿于学校教育管理的各项工作之中。目前,仍有一些教师不能将管理、教书、育人看成一个有机的整体,在实际工作中割裂教书与育人的关系、割裂管理与育人的关系,错误地认为"育人"工作应由一部分"专职"人员承担,从而使得学校的育人工作丢失了诸多"阵地"。坚持构建五育并举的育人体系,必须清醒地认识到学校各类人员都是育人工作队伍的重要组成,课堂内外都是育人工作的重要场所,各类活动都是育人工作的重要

[①] 国务院.国家职业教育改革实施方案[A/OL].[2019-07-22].http://www.gov.cn/zhengce/content/2019-02/13/content_5365341.

形式，管理、服务都是育人工作的重要支撑，才能正确理解全员、全过程、全方位育人的必要性和重要性。

3. 在准确把握职业教育的学生观上有偏差

高职院校的教育对象有其独有特征。他们年龄上步入成年，有着强烈的独立自主意识，心智尚未成熟，学习习惯、行为习惯需要教育者给予正确的引导和帮助，育人工作既不能简单套用高中的"严格管理"，也不能采取本科高校的"自由管理"。把握好职业教育的学生观，必须基于对高职院校学生状况的准确分析。就目前来看，高职院校学生普遍存在形象思维活跃，抽象思维缺乏，生活自理不善，自我约束不严，行为习惯不良，个性特征明显，缺乏明确的职业生涯目标等特点。在育人工作中，要秉持"以生为本、以仁为体、人人出彩"的理念，认识到每一个学生都是具有主体性的人，都是具有发展性的人，都是具有独特特点的人，才能始终保持"一切为了学生、为了一切学生、为了学生一切"的工作初心。

（二）队伍困境

1. 新进教师较多，个体差异明显

近几年高职教育事业发展较快，高职院校新进老师较多，作为育人主力军的班主任辅导员队伍逐渐呈现年轻化趋势，家庭生活条件较为优越。由此入职的班主任辅导员，对高职院校育人工作艰苦性不了解，对职业院校学生不了解，工作经验相对较少，在工作中易产生畏难情绪。

2. 育人专业能力亟待提高

高职院校教师来源不同，大多数没有系统学过教育学、心理学、管理学，具体做学生思想工作时力不从心。部分来自高校，从学生到教师的角色转变需要一定的时间；还有一部分教师来自公司企业，工作模式和教师的工作职责存在本质不同，需要适应。许多教师育人技巧缺乏，育人方法不多。

3. 育人队伍职责不清

高职院校育人队伍主体主要是党政干部、班主任辅导员和全体教职工，冲在一线的是班主任辅导员。有人认为育人工作就是班主任辅导员的职责，与其他人无关，对新时代中国特色社会主义思想铸魂育人思想缺少学习和认知，割裂教书与育人的关系、管理与育人的关系、教育与服务的关系、管理与治理的关系。教育部规定辅导员人数按照1∶200比例配备到位，也规定了辅导员工作职责。但由于近几年高职院校学生人数急增，专业辅导员数量跟不上学生人数的增长，新进的辅导员育人工作经验不足，在工作中会出现条理不清、职责不明的现象。有的高职院校班级管理采取的是辅导员、班主任共同管理模式，班主任、辅导员的职责不能明确区分，运行中难克矛盾重重，辅导员角色定位不清，更多地成了学生的保姆、突发事件的消防员、宿舍的管理员，与学生健康成长的指导者、引路人要求相差甚多。

（三）生源困境

1. 生源结构复杂

高职院校生源素质参差不齐，整体上主要来源有三类：一是高中毕业生，这类学生经过高中阶段的学习，自律性较好，心智趋于成熟，管理难度不大；二是中职毕业生和社会人员，这类学生一般具备一定的专业知识和技能，但自律性较差，学习动力不足，管理难度较大；三是初中毕业生，部分高职院校还面向初中招收五年制高职学生，这类学生心智不够成熟，自制能力和自理能力较差。三类生源的年龄跨度较大，整体上文化基础较为薄弱，学习生活能力欠佳，需要进行分类、区别对待，差别化管理。

2. 学习动力不足

不论是高中生源，还是中职生源，高职院校学生普遍存在的特点就是学习基础比较薄弱，不少学生入学分数较低，自我约束能力较弱，缺乏主动学习的动力。还有部分来自初中的生源，录取分数一般都低于普通高中录取分数线，单科成绩更是堪忧，其学习能力、接受能力相对较弱，在学习上的主动性较差。

3. 自制能力较弱

不少学生在高中或初中时期学习成绩相对落后，由于中考或高考失利，迫于无奈才选择到高职院校就读，存在一定的自卑心理，导致学习热情不高，畏难情绪比较浓，容易自暴自弃。此外，不少高职院校学生的情绪管理能力和自制力较弱，缺乏恒心，缺少毅力，缺乏坚持不懈的精神。

三、探索与实践：江苏旅游职业学院推进"五进五精"三全育人模式

江苏旅游职业学院对"三全育人"进行了探索和实践，初步形成"五进五精"三全育人模式。

（一）"五进五精"三全育人模式主要内容

"五进五精"是江苏旅游职业学院探索的"三全育人"的新模式。"五进"是指育人工作要进班级、进课堂、进宿舍、进活动、进网络。"五精"即精心调研选定联系指导对象，精确定位确立育人导向，精准服务确定育人项目，精心组织提高育人实效，精细考核落实育人责任。江苏旅游职业学院每一位教职工都要承担育人职责，都要负责学生从入学到毕业的全过程育人，每个领域都要融入和渗透育人元素。

（二）实施"五进五精""三全育人"模式的主要做法

1. "五进"奠育人之基

组织全体教职工参与育人实践活动，组织党员干部参与联系指导班级管理、课堂教学、宿舍管理、课外活动和网络空间，以"五进"方式层层递进、级级落实育人任务。

（1）进班级。党员干部走进班级学生广泛调研，倾听学生、家长和用人单位的意见，解决实际问题。重点做好"三参与"：一是参与班级学生座谈会；二是参与班级学生家长会、用人单位交流会；三是参与学生干部和入党积极分子座谈会。

（2）进课堂。党员干部重点做好"三进入"：一是进入专业课堂，了解学生专业学习状况，为学生提供专业学习和职业生涯规划指导；二是进入思政课课堂，讲好新时代中国特色社会主义思想和党的十九大精神，讲好"中国故事"；三是进入班会课堂，了解学生思想动态，倡导建立优良班风学风。

（3）进宿舍。党员干部重点做好"三指导"：一是指导重点楼层和重点宿舍文化建设；二是指导文明宿舍创建；三是指导开展宿舍文化活动。

（4）进活动。党员干部重点做好"三深入"：一是深入班级社团和各类技能竞赛交流评比活动；二是深入班级学生社会调查实践活动或素质拓展活动；三是深入班级学生参与的学校重大活动。

（5）进网络。党员干部重点做好"三清楚"：一是清楚学生所思所想；二是清楚学生在网络的表达内容和方式；三是清楚如何有针对性地做好网上思想政治工作。

2. "五精"筑育人之本

（1）精心调研，确定育人对象。学校设计《育人工作调研登记表》进行调研，聚焦育人工作的薄弱环节和难点问题，分析育人工作的重点任务和关键要点，将问题细化落实到班级、学生、宿舍和活动，找准育人工作的切入点。党员干部结对联系指导学生，有针对性地开展思想政治工作。

（2）精确定位，确立育人导向。江苏旅游职业学院定期召开辅导员班主任座谈会、学生和家长座谈会，第一时间掌握学生思想动态，及时进行研判，精准定位，找到育人工作的着力点，找到解决学生思想问题的"钥匙"。落实意识形态责任制，将全员育人意识落实到立德树人上，遵循思想政治工作规律和学生成人成才规律，关爱学生、答疑解惑、解决问题，形成育人合力。

（3）精准任务，明确育人项目。江苏旅游职业学院给每一位教职工发放《育人工作任务单》和《育人工作手册》。按照工作时间序列，将每项联系指导工作细化出"五个一"岗位任务。党员干部每人须至少联系指导一个重点班级、宿舍区一个重点楼层或指导一个社团；普通教职工须至少联系指导一个重点宿舍或一名重点学生。两年来，每年90%的班级、80%的学生、100%的学生社团、100%的学生宿舍都有教职工联系指导。联系指导工作岗位明确、任务清晰、重点突出、成效明显。

（4）精心组织，提高育人实效。江苏旅游职业学院党委将"五进五精"三全育人作为重点工作，职能部门每月专题汇报工作进展情况。编制《联指工作简报》，挖掘党员联系指导育人工作典型事迹和优秀人物，充分发挥党员的示范引领作用，在全校范围内进行典型经验分享。

（5）精细考核，落实联指责任。江苏旅游职业学院制定了《江苏旅游职业学院联指工作条例》《江苏旅游职业学院育人业绩奖励实施细则》，率先提出用育人课时计算育人工作量，并列入全校绩效工作量考核内；首创提出育人基本工作量标准，为16课时/每学年，定期公布育人工作量完成情况。江苏旅游职业学院还制定了《育人工作责任事故认定及处理办法》，明确育人工作的责任底线；每年进行育人工作先进集体、先进个人的评比表彰等。

"进班级、进课堂、进宿舍、进活动、进网络"是三全育人的有效形式;"精心调研选定联系指导对象,精确定位确立育人导向,精准服务确定育人项目,精心组织提高育人实效,精细考核落实育人责任"是三全育人具有职教特质的重点内容。"五进"奠育人之基,"五精"筑育人之本。"五进五精"三全育人模式充分发挥全校教职工育人能力,将育人职能贯穿学校工作始终,实现"教"与"育"、"管"与"育"、"服"与"育"的融会贯通,同时,倾听师生、家长、社会、企业的声音,及时回应学生、家长、社会、企业的关切,真正实现全员、全过程、全方位育人。

(三)实施"五进五精""三全育人"模式的成效

1. 育人工作更务实

江苏旅游职业学院不断推进"五进五精""三全育人"新模式,实现了育人工作制度创新、机制创新、评价创新,促进了育人工作与学校各方面工作的深度融合。通过有效的思想引导,为大学生扣好人生的"第一粒扣子",将大学生锻造成为能够担当民族复兴伟大使命的"时代新人"。在全校育人评比中,有10多个党支部获得"联指育人工作先进集体"称号,教职工60多人次获得"联指育人工作先进个人""优秀党员"等称号。

2. 立德树人更显效

"五进五精""三全育人"从高职院校实际出发,遵循职业教育规律和大学生成长成才规律,全面提升学生文明素养,大大提高人才培养质量。近年来,学生获市级表彰123人次,省级表彰60人次,国家级表彰27人次。近千名学生志愿者服务于江苏省第十九届省运会,服务于中非合作论坛、运河论坛等重要会议,学生以其过硬的技能、良好的素质广受好评。

3. 社会影响更广泛

近年来,"五进五精""三全育人"模式经过实践探索后日趋成熟,逐渐成为高职院校育人工作品牌。江苏旅游职业学院受邀在云南、新疆及江苏南京、无锡、盐城、苏州等地进行"三全育人"工作模式经验交流。江苏旅游职业学院先后被表彰为全国教育系统先进集体、全国德育工作先进集体。江苏旅游职业学院学生在第十九届运动会志愿服务中表现突出,得到扬州市委市政府的高度肯定,并荣获扬州市人民政府"集体三等功"。

四、反思与经验：高职院校推进"三全育人"的有效路径

（一）以生为本，形成高职院校"三全育人"强大合力

1. 提高政治站位，增强"三全育人"责任感和使命感

"五进五精""三全育人"模式的关键是"全员"参与、"全员"关联。高职院校要切实提高政治站位，充分认识"三全育人"工作的重要性和紧迫性，全面落实立德树人根本任务，务必将育人工作作为人才培养的第一要务和根本任务来抓，努力打通育人工作"最后一公里"，着力构建德智体美劳全面培养的教育体系。

2. 突出以生为本，推进"三全育人"有效性

"五进五精"三全育人模式的理念支撑是以生为本，高职院校学生正处于个人成长的"拔节孕穗期"，在这关键期要密切关注学生的思想特点和精神需求，开展持续性、贯穿性、系统性和针对性的思想政治教育。要以满足学生发展需求作为"三全育人"工作的出发点和落脚点，对照"三全育人"工作要求，全面统筹多方育人资源和育人力量，从课程、科研、实践、文化、网络、心理、管理、服务、资助、组织等方面分别制订切实可行的育人工作方案，实现"一体化"育人。

3. 坚持同向同行，提升"三全育人"的精准性

"五进五精""三全育人"模式强调全体教职员工要同向同行，要切实扭转育人工作与其他工作割裂的错误思想，牢固树立"大思政"的育人观，把握人才培养体系建设的关键点，突出全方位育人，构建以思政课程、日常思政为主体，文化思政、网络思政为浸润，课程思政为支撑的"大思政"格局，真正将思想政治工作的理念与目标融入各类育人载体中，做到育人资源和育人载体的系统整合，将思想政治工作贯穿立德树人的全方位、全过程。

（二）强化担当，建设高职院校"三全育人"的强大队伍

1. 凝聚育人队伍"向心力"

"五进五精""三全育人"模式特别强调育人工作需要全体教职员工的共同参与。部分高职院校教师受功利主义思想影响，重教书、轻育人，有的只是将育人放在嘴上，落实不到行动上。育人工作不是学生管理者的"独唱"，而

应是全体教职员工的"大合唱"。全体教职员工都要树立育人为本的思想，推进各项工作与育人工作同向同行，实现全员全程全方位协同育人。

2. 提升育人队伍"育人力"

"五进五精"三全育人模式强调师德建设。要大力加强师德师风建设，实施师能师智提升工程，选树"师德楷模"，打造一支高素质的育人工作队伍。育人工作者要自觉以"政治要强、情怀要深、思维要新、视野要广、自律要严、人格要正"为标准，不断提高自身修养，自觉将"敬业爱生"作为工作准则，自觉弘扬中华传统美德，自觉培育和践行社会主义核心价值观，努力做学生锤炼品格的引路人、学生学习知识的引路人、学生创新思维的引路人、学生奉献祖国的引路人。

3. 强化育人队伍"攻坚力"

"五进五精"三全育人模式强调师能建设。高职院校育人工作者要遵循教书育人规律、思想政治工作规律、学生成长规律，坚持在内容创新、途径创新、方法创新上多下功夫；突出问题导向，把工作的主要精力放在育人攻坚的重点问题、工作的薄弱环节上，聚焦重点任务、重点群体、重点领域，实现重点突破，坚持精准施策，做到分类分层指导，进一步提升思想政治工作精细化程度和科学化水平。

（三）内联外引，建构高职院校三全育人强大保障

1. 建立政策制度保障

"五进五精"三全育人模式重视制度建设，高职院校要按照"三全育人"建设规划，建立育人工作队伍建设标准，建立教学、科研、管理、服务各类型岗位的育人工作标准和规范，建立育人工作流程图，建立"三全育人"工作评价标准。设立育人工作、思想政治教育专项研究课题等。

2. 建立思政队伍保障

"五进五精"三全育人模式重视队伍建设。要建设专职为主、专兼结合、数量充足、素质优良的辅导员班主任队伍。要严格专职辅导员准入，选优配强专职辅导员，推动辅导员的职业化、专业化发展，建设稳定规范、精干高效的辅导员队伍。此外，高职院校还要充分发挥专业教师、管理和服务人员等各方面人员的积极作用，打造全员育人共同体。

3. 建立协同机制保障

"五进五精"三全育人模式重视机制保障。坚持问题导向、协同育人，精心调研、精确定位、精准服务、精心组织、精细考核，打造管理队伍、服务队伍、教辅队伍多方配合的协同育人机制；将思想政治工作做到学生心坎上，切实推动全员凝心聚力，真正形成全员、全方位、全过程育人机制。

第四节 职业院校"五融五促"劳动教育实践

劳动创造历史，劳动创造价值，劳动创造人才。江苏旅游职业学院作为一所旅游类高职院校，高度重视劳动教育，近年来积极探索从"课程建设、实习实训、实践活动、校园文化、创业创新"方面融入劳动教育，促进"以劳树德、以劳强技、以劳健体、以劳育美、以劳促创"，让学生在生产、学习、生活和社会劳动服务中接受劳动教育，养成劳动习惯，形成劳动技能，培养劳动品质。

一、融入课程建设，促进以劳树德

课程是人才培养的核心要素。江苏旅游职业学院坚持以劳动教育课程为核心，以劳动科学知识作为具体的教学内容，对学生进行劳动教育，促进以劳树德。

（一）调整人才培养方案

江苏旅游职业学院在专业人才培养方案中，紧跟时代要求，以"培养德智体美劳全面发展的社会主义建设者和接班人"为宗旨，提出"掌握必备劳动知识技能、培育积极劳动态度、培养优良劳动品德"的劳动素质要求，在职业生活、社会生活、学习活动中全程育人，逐步形成充实完整的人才培养目标体系。为贯彻落实中共中央、国务院印发的《关于全面加强新时代大中小学劳动教育的意见》，江苏旅游职业学院全面修订人才培养方案，设置劳动教育必修课和劳动周，以实习实训课为主要载体开展专题劳动教育，探索劳动教育特色活动，加强劳动教育理论研究，初步建立涵盖课程设置、校本教材、管理制度、考核评价等内容的劳动教育体系，不断提升学生劳动素养水平。

（二）编写劳动教育教材

由学校部分教师编写完成的校本劳动教育教材《劳动育人匠心筑梦——高职院校劳动教育读本》在新生中试用。本书根据中共中央、国务院印发的《关于全面加强新时代大中小学劳动教育的意见》精神编写。全书设置劳育专题篇、院系实践篇。"劳育专题篇"共6章，主要梳理新中国劳动教育发展历程，阐述新时代劳动教育内涵，剖析高职院校劳动教育的价值意蕴，开展劳动精神、劳模精神、工匠精神等专题教育。"院系实践篇"共6章，主要立足高职院校各专业特色，设计劳动教育特色活动，通过实习实训、专业服务、社会实践、勤工助学等多种途径，教育学生养成认真负责、吃苦耐劳的品质和职业意识，引导学生树立劳动最光荣、劳动最崇高、劳动最伟大、劳动最美丽的观念。

（三）制作劳动教育微课

为切实推进劳动教育进课堂，提升劳动教育的生动性、吸引力和实效性，组织拍摄制作了10个劳动教育微课。10个劳动教育微课总体上分为三个篇章：劳动教育理论篇、劳动教育通识篇、劳动教育专业篇。劳动教育理论篇，1个微课——《走，我们劳动去！》主要结合学生日常思想和生活实际，用鲜活的案例阐释劳动的内涵、种类和意义，帮助学生厘清劳动概念，认识劳动价值，廓清认识的迷雾，树立正确的劳动观念，增强劳动的意识。劳动教育通识篇，共3个微课，《严守劳动纪律，成就青春梦想》，主要讲实习实训中的劳动纪律；《小我融入大我，劳动绽放青春光彩》，主要讲社会实践中的劳动锻炼；《青春正当时，劳动益成长》，主要讲日常生活中的劳动技能。劳动教育专业篇，共6个微课，结合六个分院的专业特色，讲授不同专业的劳动素养和要求。《强化规范整洁，落实"7S"》主要讲烹饪实训中的劳动素养；《敢问路在何方，路在脚下》，主要讲导游服务中的劳动素养；《切磋琢磨，乃成宝器》，主要讲玉雕技艺中的劳动素养；《责任与效率、协作和奉献》，主要讲物流技能中的劳动素养；《勤学苦练，诚实劳动》，主要讲会计技能中的劳动素养；《强化动手实践，实现WIFI无缝漫游》，主要讲网络安装中的劳动素养。10个劳动教育微课既有理论层面的阐述，也有实践层面的操作指导；既有涉及全体学生日常学习、生活的普遍指导，又有与专业相结合的不同行业劳动素质的要求。劳动教育微课上传至学校超星平台，供学生点播学习，收到了很好的教育效果。

二、融入实习实训，促进以劳强技

实习实训是高职院校培养学生技能的主要活动形式，是劳动教育的主阵地。江苏旅游职业学院实习实训以培养"工匠型劳动者"为目标，以"7S"管理为抓手，以"双百分"考核为评价，全面抓好劳动教育，提高学生实践动手能力。

（一）培育工匠精神

江苏旅游职业学院作为扬州"三把刀"文化传承及人才培养基地，积极传承烹饪、美容美发、玉雕、漆器、雕版印刷、剪纸、足疗等技艺。江苏旅游职业学院建立大师工作室，每月邀请大师进校园。江苏旅游职业学院强调通过持之以恒的劳动，实现外部技能向内部精神的转变，进而实现工匠精神的培育。如旅游接待礼仪中的微笑服务，通过长时间的外部专项训练，实现从"外化于行"到"内化于心"的转变，实现从匠人、匠技到匠艺、匠心的升华。

（二）推行"7S"管理

江苏旅游职业学院将"整理、整顿、清扫、清洁、素养、安全、节约"7S"理念纳入教学全过程，以高标准、严要求，与未来工作岗位无缝对接。此外，在物品、操作、卫生三方面实行"三定"管理，让学生在规范化劳动中，潜移默化地践行劳动教育。

（三）实行"双百分"考核

实习实训课全面推进"双百分"考核制。"双百分"考核即技能分和素养分各占一百分，打破了传统单一的技能考核模式，让实验实训考核更加立体、全面。"双百分"考核将职业素养融入职业实践，从而实现立德树人的育人目标。

三、融入社会实践，促进以劳健体

党的教育政策一贯坚持劳动教育的理念要与实践相结合。学校修订了"国家奖学金""励志奖学金""校内奖学金"以及"三好学生、优秀学生干部"等各级各类奖评办法，将学生参与勤工助学、专业拓展、志愿服务、社会实践等各类劳动教育载体的情况纳入评分细则，促使学生积极投身各类劳动实践。

（一）劳动教育融入学生勤工助学

江苏旅游职业学院出台《学生勤工助学管理办法》，全面规范在校生申请勤工助学的流程，完善了考评体系。通过发布《关于征集校内学生勤工助学岗位和志愿服务岗位的通知》在全校范围内征集勤工助学岗位，积极组织符合条件的学生进行申报。

（二）劳动教育融入学生志愿服务

江苏旅游职业学院"小红帽"青年志愿者协会是江苏省高校优秀学生社团。"小红帽"青年志愿者协会的志愿者们依托所学技能，走进社区、走进福利院、走进聋哑学校，积小爱为大爱，一批又一批的志愿者们挥洒真情、奉献爱心，以忘我的奉献精神，以不变的初心热情，以专业的技能优势投身实践，走进社区，服务社会。

（三）劳动教育融入学生专业实践

江苏旅游职业学院鼓励学生将学到的专业知识和专业技能服务社会与家庭。江苏旅游职业学院举办了"我为家庭出点力"系列活动，依托这一活动平台，学生以其"术业有专攻"，呈现出了专业化的"精彩劳动"。学生们在生活中纷纷进行实践，他们有的成了家里的"大厨"，有的成了朋友间的"导游"，有的成了亲戚间的"投资顾问"，有的给自己家做起了"装修"。

四、融入校园文化，促进以劳育美

校园文化是高校开展劳动教育的重要载体。江苏旅游职业学院重视将劳动教育与校园文化建设相结合，通过构建劳动教育文化体系，使劳动教育逐步对接、渗透、融入校园文化之中。

（一）挖掘劳动文化内涵

江苏旅游职业学院将新时代中国特色社会主义思想和学校办学特色紧密结合，凝练专业发展内涵和文化育人功能，推进校园文化特色项目建设，打造具有地域特色、职教特点的校园文化体系；深入挖掘二级院部文化底蕴，对二级院部院（部）徽、院风、院旗、专业精神等进行凝练，形成独具特色的二级院部形象识别系统；深入开发"梅兰竹菊"四大书院文化衍生，凝练书院精神，设计以书院为题材的文创产品，打造书院文化品牌；积极开展优秀传统文化、高雅艺术文化进校园活动，推动戏曲、音乐、书画、非遗项目等进校园，让学生充分感受优秀传统文化的独特魅力，增强认同感、自豪感和归属感。

（二）营造劳动文化氛围

依托行业企业文化，引入现代企业"7S"管理理念。开展"奋斗新时代，努力新作为"的"工匠精神"校园行活动，邀请行业大师名师、非遗文化传承人、全国劳动模范等先进人物走进校园，通过分享不同类型奋斗者的典型事迹，弘扬"劳动光荣、劳动高尚"的价值观，提升学生职业道德素质。学校出台《优秀劳动者评选管理办法》，成立"劳动教育研究中心"。江苏旅游职业学院在校园官网、官方微信公众号、官方微博等融媒体平台大力宣传新时代劳动教育先进事迹和有效做法，并得到了国家级、省级、市级媒体的高度关注，在校外媒体发布劳动教育相关报道6篇（其中，国家级媒体《中国青年报》1篇，省级媒体《荔枝新闻》等2篇，市级媒体《扬州日报》等3篇），在校园官网发布相关新闻报道约20篇（其中，二级学院报道12～15篇），形成了校园新时代劳动教育学习热潮。

（三）开展劳动文化建设

江苏旅游职业学院塑造了"百工之祖"墨子、"烹饪鼻祖"伊尹、旅游标识"马踏飞燕"、扬州"三把刀"等塑像，引导学生感悟"工匠精神"，孕育"择一事，精一技，终一生"的匠人之心。江苏旅游职业学院搭建了学生专业素养"3、9、50"框架，从"专业理念与道德、专业知识、专业能力"三个维度、"职业理解与认识、专业思想与理念、个人修养与行为、教育知识、通识性知识、了解观察能力、组织管理能力、综合协调能力、反思创新能力"九个领域,构建了专业文化应知应会五十条。在专业实训中推行实施"三定"标准,即物品摆放"定位"、操作环节"定流程"、卫生打扫"定标准。如烹饪专业的"卫生、安全、健康",人物形象设计专业的"规范、热情、博学"等。

五、融入创新创业,促进以劳助创

创新创业是时代最强音。创新创业教育与劳动教育全方位的深度融合正是培养人才全面发展的创新举措。江苏旅游职业学院将劳动精神培育与推动创新创业教育有机结合,取得了初步成效。

(一)劳动教育融入双创教材

江苏旅游职业学院立足专业实际,编写并出版了十多本创新创业系列校本教材,使劳动教育的内容更加贴近学生生活、贴近社会实际,拉近了学生与创新创业之间的距离。针对当前教育的新形式,江苏旅游职业学院还改革《职业道德与就业指导》课程,选用由江苏旅游职业学院参编的《就业与创业指导》教材,并将"劳动品质和职业素养的培养"作为重点讲解内容;增设"创业社会常识""创业心理和技能""市场经济""经营管理""公关和交往"等选修课程,着重培养学生的劳动品质、劳动素质。

(二)劳动教育融入双创比赛

完善竞赛顶层设计,坚持以赛促学,以劳增智。江苏旅游职业学院每年开展"我与大师面对面"劳动实践月,邀请创业典型校友、劳模代表、优秀家长代表以及劳动部门专业人士来校为学生为开展劳动教育、传播劳动精神。此外,江苏旅游职业学院通过校系联动机制合力助推创新创业竞赛工作,以赛促学,以劳增智。近年来,江苏旅游职业学院在省市创新创业比赛中屡获佳绩,共有18件作品获得国家级、省级奖项。学生在"创青春"全国大学生创业大赛、"互联网+"大学生创新创业大赛、"中英国际青年创新创业技能大赛"中纷纷争金夺银。江苏旅游职业学院成为"中英创新创业示范基地"。

（三）劳动教育融入创业实践

学校建成"大学生创 e 生活园"，为在校生创业实践搭建平台，为学生提供创业实战舞台，开设了"GYB（创业意识培训）""SYB"的创业孵化班，开辟了营业面积 1 000 多平方米的学生创业园。孵化出了"果然 100""邦瑞置业"等业内知名品牌，涌现出王元亮、刘畅、耿勇、王景春等国内知名的创业学子。

经历多年探索与实践，劳动教育促进了学生发展、教师发展和学校发展，辐射作用和影响力不断扩大。毕业生以"劳动意识强，劳动情感深，劳动能力优，专业有特长"深受用人单位欢迎，北京人民大会堂、中共中央办公厅、中共中央组织部、外交部、钓鱼台国宾馆等单位每年都到学校选拔优秀毕业生。劳动教育成果分别在全国校园文化现场会、全国中职班主任工作与师德建设现场会、心理健康教育现场会、江苏省创业教育推进现场会、江苏省学雷锋现场会等不同场合交流推广。多家媒体对学校劳动教育经验进行了报道。江苏旅游职业学院被教育部领导誉为"有文化、有精神、有特色"的"三有"学校。

第二章

素质教育篇

第一节　五年制高职学生综合素质养成特色研究

第二节　多元文化背景下高职学生民族精神的培养

第三节　职业学校"仁"文化教育实践研究

第一节　五年制高职学生综合素质养成特色研究

　　五年制高职教育是职业教育的重要组成部分。五年制高职学生年龄一般处在 16～21 岁之间，在生理、心理、学习、人格等方面具有鲜明的特点，这就要求五年制高职学校在培养学生的综合素质时必须重视这些特点，并进行有针对性的教育和引导，才能培养出社会所需要的高素质技能型人才。五年制高职学生综合素质主要包括思想道德素质、科学文化素质、专业及技能素质、心理健康素质。通过研究江苏五年制高职学校在培养学生综合素质方面的成功经验，笔者发现，江苏五年制高职学校在学生综合素质养成方面更加关注职业兴趣的养成、职业道德的强化、职业技能的训练、人文素养的提升、创新创业能力的培植、文明礼仪的养成、学生的心理健康。五年制高职学生综合素质养成的实施路径多种多样，课堂教学、文化熏陶、实践锻炼、管理服务等是五年制高职学校提升学生综合素质的主要路径。每条一路径都对五年制高职学生综合素质养成有着重要作用。江苏五年制高职学生以其职业道德好、综合素质高、职业能力强，深受用人单位的欢迎。

一、五年制高职学生的生理心理特点和综合素质基本情况

　　江苏五年制高职教育是具有地方特色的教育方式，它是中、高职教育之间顺利过渡的桥梁。学生的年龄一般处在 16～21 岁之间，经历青春后期和成人初期两个人生发展阶段，也是世界观、人生观和人格特征形成的关键期，既有强烈的成功欲望，又受传统传统观念和自身弱点的影响，在一定程度上阻碍着他们以健康的心态实现自我。

　　这一时期的他们，具有与独特的生理、心理特征，在学习动机和行为习惯方面也与众不同。认知上以形象思维为主，情感上呈现出较多的淡漠与怀疑，意志上，容易产生动摇，行为上活泼好动不善自律；但他们动手能力强，接受新鲜事物快，容易感动，敢于探索。五年制高职学生的执行力比较强，但是思考能力和情感能力比较弱，他们虽然精力充沛，但不能深入思考问题，也欠缺如何更好地与他人合作的方法。

（一）生理特征

五年制高职学生理特征最主要的表现就是从不成熟趋向成熟，最明显的特征是身体外形的变化和性器官的成熟。

1. 身体外形变化迅速——形态发育

五年制高职学生生理特点最显著的体现在体态的变化上，我们通常以身高、体重、宽度和纬度等指标来衡量。五年制高职学生正处于生长发育的第二个高峰期，身高、体重增加很快，骨骼、肌肉增长迅速，但与成人比较，仍有一定差距，而且各部分的发育也未停止，只是相对缓慢而已。

2. 身体机能逐步健全——机能发育

五年制高职学生的身体机能，尤其是作为生理基础的心血管系统、呼吸系统、神经系统发育健全迅速，但状态不稳定，表现在易兴奋，易疲劳，易产生过激言行等。这一阶段他们的脑部结构不断完善，脑的回沟增多、加深，大脑机能迅速发展，兴奋和抑制过程逐渐平衡。这一时期他们的心血管系统功能稳定、肺功能增强，身体素质提高。

这一时期，他们的技能发育还表现在性的成熟上，他们的生殖器官增大，接近成人。在体态的变化上，男生基本都身高体长，肌肉发达；女生则普遍骨盆变宽，体态丰盈，具有曲线美。这一时期男女生之间性别意识加强，有对异性的好奇和冲动。

（二）心理特征

五年制高职学生报考职业学校多非第一选择，与普通高中相比，心理上还是有一定的落差；但他们站在特殊的转折点上，送走已经过去的初中生涯，迎来一个未知的崭新开始，也有期待。所以对于刚刚迈入五年制高职学生而言，既有落榜的失落，又有新环境下的新鲜与好奇；既有步入青春期的共性，又有职校生独有的感受。

1. 失落感与新鲜感交织

五年制高职学生进入高职学校，往往会有一些心灵的触动，主要表现为：其一五年制高职校大多集中在城市，与他们之前的学习和生活环境有较大差别；其二五年制高职校管理模式相比高中大相径庭，五年制高职校相对自由，需要学生自我约束、自我管理；三是缺少升学压力，技能教育、实践教学的课程明显增加，学习的针对性、实用性加大；四是理论和实践结合紧密，学习的目标明确，方向清晰。五年制高职学生虽然带着失落入学，但崭新的校园生活对他们而言又是新鲜的，这里又是一段未知旅程的开始，对于充满好奇的他们而言，又有满心期待，这就导致五年制高职学生失落感与新鲜感交织这一心理特点。

2. 自卑感与成就感并存

心理学家阿德勒认为人的自卑来源于两方面，其中一种是被忽视或由拒绝引起的自卑情结。如果一个人被拒绝或者被忽视，将会导致他的自我价值感丧失，就会产生巨大的的自卑感。五年制高职学生大部分由于中考失利，没有考入理想的高中，只好退而求其次，选择五年制高职院校，与普通高中相比，会觉得处于弱势。而社会上对职校生的认知也影响他们对自己身份的认同。多数五年制高职学生在中学乃至小学时代成绩皆处于中等偏下的地位，得到的关注少，成功的体验少，受到的批评和指责多于表扬与鼓励，长期累积形成了自卑心理。这种习得性的无助和消极的自我暗示，使他们认识不到自身的优点和长处，缺乏信心，认为学习基础差，交际能力弱，这在一定程度上影响了他们的人际交往；但五年制高职也属于高校范畴，毕业也能拿到专科文凭和专业资格证书，学生们经过多年寒窗苦读，顺利考取五年制高职学校，迈入人生的另一个崭新阶段，又有一种成就感。

3. 人际交往和情感困扰交织

五年制高职学生处在青春期向青年期过渡时期。青春期的学生情绪波动大，情感丰富复杂，控制不当极易陷入情绪困扰，如果缺乏情绪调节管控能力，他们往往会表现出诸如紧张、焦虑、抑郁或易怒等情绪。再加上他们中多数来自农村，家庭教育的缺失使得有些学生缺乏应有的修养，不能抑制自己的冲动，也缺乏与人交往的技巧和方法，会为一点小事与老师和同学起冲突。另外，这一时期他们的独立意识增强，渴望自由，不喜管教，而学校基于五年制高职生素质较差的观念，采取了适合中职的比较严苛的管理模式，各种制度和规范使他们的自由和意愿受到很大的限制，难免产生抵触情绪，产生逆反心理，从而表现为厌烦，争斗，对抗。容易出现迟到、早退、上课睡觉或者玩手机，晚自习发呆，不尊重老师等不良行为；同时，这一时期的他们，生理发育渐趋成熟，导致心理波动比较大，而这些又会导致情绪的不稳定，对道德、责任、情感、性等问题产生困惑，经常处于一种矛盾状态。这些问题极大地困扰着他们，如果得不到及时有效的疏导，将会极大地影响身心健康。

4. 焦虑感与进取心并存

随着社会经济的发展，岗位的竞争日趋激烈，就业的压力日益加大，企业选拔人才也越来越苛刻，也越来越重视综合素质的需求。五年制高职学生学历不高，面对就业的压力，精神负担较重，容易产生焦虑心理；不过在五年制高职学生适应校园环境后，学习、生活逐渐走上正轨，他们的积极性、进取心和焦虑感都会相应改善：有的希望学到一技之长，成为行业有用之才；有的希望刻苦钻研，进一步深造；有的辅修管理课程，期望成为管理人才。焦虑感与进取心在他们身上体现得很明显。

笔者在江苏旅游职业学院对五年制高职生发放了心理问卷并对部分学生进行了深度访谈，发现江苏旅游职业学院五年制高职生总体而言较为自信和乐观，但也有认识模糊等不足，比如学习动机不强、意志力偏弱、自我认可度不高、沟通能力较弱、就业信心不足、责任意识淡薄。

（三）学习状态

五年制高职学生学习动机比较实际，就业导向非常明显，学习方法重探究，喜欢实践课程，对感兴趣的课程学习专注程度比校高，学习内容重宽广，人文专业齐并进，有一定的专业进取心。但学习兴趣弱、学习情绪化、学习能动性不足。

1. 五年制高职生的学习兴趣

五年制高职生的学习兴趣较弱，情绪化较强，他们只对感兴趣的课程保持积极和专注，而对理论性和逻辑性较强的课程提不起精神。因此要求理论课教师在教学的过程中要结合实践和社会实际，增强课堂的生动性和趣味性，从而达到激趣的目的。在五年制高职教学中，实践教学是其特色，学生的学习兴趣也偏重于实践环节，因此我们应该加强实践课教学，以培养他们的专业学习兴趣。江苏五年制高等职业教育人才培养等规定，专业实践课安排要占总课程50%以上。

2. 五年制高职生的学习动机

动机是行为的重要成因，是推动人学习的动力。五年制高职学生的学习动机主要表现在以下两方面：①认真学好一个专业，谋一份好工作。②希望将来自己和家人过得幸福。但事实证明大多数学生对未来生活没有展望，缺少忧患意识。不能理解未来生活与现在学习的关系，不能理解生存的价值和生命的意义，这是五年制高职学生缺乏学习动机的重要原因。

动机分为直接近景性动机和间接远景性动机。如果说学习可以改变命运，可以满足未来物质生活的需要是学生学习的间接远景性动机的话，那么学生只有意识到这点才会把这种需要变成学习的动力。如果说学习是为了获得精神愉悦、满足自己精神需要作为直接近景性学习动机，那么五年制高职学生因为以往失败的学习经历，早已丧失了与学习荣誉有关的学习成就动机。部分学生本无求学的愿望，只是迫于家长的压力留在学校得过且过。学习过程的成就感缺失，是职业学校学生学习动机不强的最直接原因。基于以上考虑，我们在教学实施的过程中要帮助学生提高认识、激发原动力，此外还要特别关注那些学习动机不明、学习兴趣不浓的学生，帮他们找到并树立学习目标和动机。

3. 五年制高职生的学习方式

五年制高职学生在学习上具有较高的职业定向性。他们在专业学习之初，已基本清楚将来的工作岗位，并围绕这一岗位展开文化基础课、专业实践课和专业基础课的学习。五年制高职学生的学习有更多的自由支配时间，学习的内容也可以有一定的选择性，加上特有的实践教学环节，都给他们留下了更多的自主学习的余地。

4. 五年制高职学生的学习方法

五年制高职新生入学后，对新的学习环境有一个适应过程。如何帮助他们尽快适应新的学习生活环境，这既牵涉到教法，也涉及到学法。五年制高职学生由于之前养成的习惯，学习的能动性比较差，大多缺少主动学习精神，所以培养学生主动学习的态度，激发学生学习兴趣特别重要。很多五年制高职校注重让学生做中学、学中做，在仿真的企业环境中，培养学生掌握自主探究学习方法，以提高学生实践动手能力。

（四）行为方式

五年制高职学生一方面情绪比较稳定，人际关系比较和谐，能积极参加各项活动，并表现出较高的关注和热情。他们的主体意识、合作意识逐渐增强，体现了新时期大学生的特点。另一方面又有不少人混日子，迟到、早退、逃课、上课睡觉玩手机等现象屡见不鲜，根本不用心学习。这一时期的学生，对人生价值的认识普遍都比较幼稚和肤浅，分析和处理问题往往停留在表面，很容易把金钱的多寡当做衡量人生价值的唯一尺度。还有部分学生法制观念、纪律意识比较淡薄，缺乏责任感和集体荣誉感，更不用说国家意识和社会责任感。

1. 不良行为多

北京农业职业学院的梁杰副教授，随机抽样调查了数控、机制、会计、计算机和汽车专业5个班级的191名五年制高职新生和其他专业84名普通高职生，调查采用大学生人格问卷（UPI）。结果显示，很多学生选择"学生思想不集中""缺乏忍耐力""做事犹豫不决"等问题，在一定程度上反映了学生的意志品质薄弱，意志力水平低。很多五年制高职学生在现实生活中抵制不住各种矛盾和诱惑，制订的计划往往事与愿违。比如，制订了计划不能执行，虎头蛇尾，不能吃苦，缺乏耐力，缺乏自制和抵御诱惑的能力等。

五年制高职学生进校后，有的学习困难大，厌学情绪严重，学习目的不明确，学习态度不端正，上课听不懂，作业不会做；有的组织纪律观念差，法纪观念淡漠，自控力弱，经不起不良现象的诱惑，违纪事件多；有的目中无人，对老师的教导、学校的管理，持一种厌烦、逆反的心理。这些不良行为如果得不到及时矫正，无疑会损害五年制高职生的形象，影响五年制高职生的成长，影响五年制高等职业教育的健康发展。

2. 知行难统一

五年制高职学生中，大多数都能懂文明讲礼貌，但在现实中有些学生的行为习惯却较差，比如因为不懂审美，容易盲目模仿，比如以奇装异服，纹身刺青为时尚等。

3. 同辈群体影响大

五年制高职学生由于受到传统的价值评判，容易投身于同辈团体中。他们在同辈群体中形成了独特的亚文化系统，这种亚文化往往与校园的主流文化背道而驰，五年制高职生处于成熟又未完全成熟时期，他们的毅力还不如成人那样坚定，不良亚文化的负面作用对他们影响更大。相关研究表明，同辈群体对青少年的影响力随着年龄的增长呈增加趋势，15～20岁时达到顶峰。我们要从积极心理学的角度入手，多管齐下，通过外部约束、内部疏导，积极转化。

二、五年制高职学生综合素质内涵及其培养特色

江苏省自 1984 年率先进行五年制高等职业教育试点以来，已经探索创新、艰苦努力了 30 多年，初步走出了一条具有江苏特色的五年制高职发展道路。五年制高职学生入学年龄较小，一般 14-15 岁，有效教学时间长，毕业时一般 19-20 岁。在校五年，学生要经历从未成年人到成年人的转变，学生在生理、心理、学习习惯、行为方式等方面有其自身的发展特点和规律，江苏联合职业技术学院各分院根据学生的生源文化素质和生理心理变化，注重研究分析学生综合素质内涵，积极探索学生综合素质培养的新思路和方法，打造五年制高等职业教育素质教育品牌。

（一）五年制高职学生综合素质的内涵

五年制高职以服务于产业转型升级和企业技术创新需要的发展型、复合型和创新型的技术技能人才为培养目标，招收初中毕业生，新生入学年龄一般在 15-16 周岁，实施五年一贯制培养模式，融合中等职业教育与高等职业教育于一体的教育，学生五年制高职毕业时 20 周岁左右。五年制高职学生作为一个特殊的群体，其综合素质的内涵有别于普通高中学生，也不同于普通大学生。五年制高职学生综合素质主要包括思想道德素质、科学文化素质、专业及技能素质、心理健康素质。

1. 思想道德素质

思想道德素质是五年制高职学生综合素质的灵魂。它是一个人的精神支柱，渗透于五年制高职学生的科学文化方面、专业及技能方面、生理心理方面之中。它包括思想素质、政治素质、道德素质、礼仪修养等。五年制高职学生应具备的思想道德素质具体包括：关心政治，不断学习政治理论，提高理论修养，树立正确的世界观、人生观、价值观；爱党爱国、拥有梦想、遵纪守法、具有良好道德品质和文明行为习惯；敬业爱岗、团结协作、诚信友善，具有社会责任感。

2. 科学文化素质

科学文化素质是五年制高职学生综合素质的基础。它主导着五年制高职学生综合素质的培养与提高。科学文化素质包括科学素质和人文素质。五年制高职学生应具备的科学文化素质具体包括：高素质技术技能人才所需要的科学精

神、科学水平、精神状态、文化修养、创新意识和创新能力等。

3．专业及技能素质

专业及技能素质是五年制高职学生综合素质的核心。专业素质是五年制高职学生在进行专业知识、专业技能、专业实践的学习过程中理解和适应社会工作能力的一种综合体现。五年制高职学生专业素质具体包括专业知识、专业实践能力、专业创新能力以及必要的组织管理能力等。

4．心理健康素质

心理健康素质培养是提升五年制高职生综合素质的保障。它渗透于其他三种素质的各个环节。五年制高职学生应具备的心理健康素质具体包括正确的自我完善的人格、坚强的意志品质、开朗的心境、乐观的人生态度、较好的心理平衡和自控能力等。

（二）江苏五年制高职学生综合素质的培养特色

五年制高职学生综合素质的培养策略与特色要有别于其他教育类型的学生。通过考察江苏五年制高职学校在培养学生综合素质中的成功经验，笔者归纳出江苏五年制高职学生综合素质的培养特色方案有以下几点。

1．更加关注职业兴趣的养成

兴趣是对事物喜好或关切的情绪，它表现为个体对某件事物、某项活动的选择性态度和积极的情绪反应。每个人的兴趣爱好有所不同，但相同的是，每个人都会对自己感兴趣的事物给予优先注意和积极探索。兴趣与职业关系紧密。职业兴趣是个体对某种职业活动具有的比较稳定而持久的心理倾向，它是一个人探究某种职业或从事某种职业活动所表现出来的特殊个性倾向及向往的情感。江苏五年制高职学校普遍重视对学生进行职业兴趣的养成教育，通过职业体验、职业测评、职业规划师咨询等手段帮助学生进行职业兴趣的探索，激发学生的学习兴趣。

江苏省丹阳中等专业学校与向阳生涯合作，率先引进了国际先进的生涯教育体系，应用于日常教学工作中，取得了良好的成效。苏州工业园区工业技术学校探索构建"以提升职业素养为核心的个性化职业教育模式"（individualized vocational education focusedon improving professional quality，简称为 IPQ 教育模式）。IPQ 模式又可简称为"1+X"模式。"1"是指一个核心：以提升职业素养为核心；"X"指多元化的发展方向，个性化的选择。在某种程度上也可以说"1"是目的,"X"是手段,通过"X"这种个性化的途径提升所有学生的职业素养。"X"是可以是兴趣、爱好,也可以是特长、强项,目前学校给"X"设计了六大选项:专业技能、通用技能、创新发明、创业实践、艺体特长、升学深造。学生可从中自行选择一项或者多项,让每个学生寻找合适的发展道路。

2. 更加关注职业道德的强化

经济全球化背景下,广大从业人员不仅要具备过硬的专业技能水平,也必须具备优秀的职业道德素质。江苏五年制高职学生在入校时的综合素质总体较好,但在职业道德素质方面也存在一些问题,如有的学生不讲诚信,有的学生存在享乐主义、拜金主义、个人主义的思想,有的学生理想信念淡漠,有的学生在情感道德观念上缺少理性的克制与约束,等等。这些都需要我们需要我们加以正确的培养与引导。

江苏五年制高职学校十分重视学生职业道德的强化,将职业日常行为规范与实习、实验、实训相结合,将职业道德培养与社会公德、家庭美德、个人品德培养相结合,将职业道德教育与就业指导课程贯穿,通过课堂教学、校园文化活动、校内外实践活动等多种形式培养学生的职业道德精神和职业道德品质。此外,在职业道德教育中,各校也很重视师德师风建设,通过全体教师的努力工作和敬业精神,影响和带动学生,使学生在美好的环境中养成良好的道德品质。

3. 更加关注职业技能的训练

职业教育是就业导向为主的教育,主要任务是培养生产、建设、服务一线需要的高素质劳动者和技术技能型人才。高素质劳动者和技术技能型人才的一个重要标志就是具有较高的职业技能和实践动手能力。对学生进行专业技能的训练既是职业院校人才培养的重要内容,也是学生专业知识、专业理论学习深化的必然要求,更是学生专业素养、职业素质提升的必由之路。与中职学生、三年制高职学生相比,五年的技能学习能够让五年制高职学生在职业技能素质养成方面具有更大的优势。但是如果通过五年的学习,五年制高职学生没有掌握过硬的职业技能,是肯定不受市场欢迎的。因此,加强学生的职业技能培养是五年制高等职业教育人才培养工作的重中之重。

江苏五年制高职学校都十分重视实践环节教学,注重培养学生的职业技能。职业技能训练的主要形式有专业实训教学、专业见习、顶岗实习、课外实践活动、专业技能竞赛、课余专业技能强化训练等。在职业院校技能大赛的引领下，不少学校成立了专业技能协会，利用第二课堂，提升学生专业素养和技能，通过技能节、技能月等活动开展校内技能比赛或技能展示活动。每年一届的江苏省职业院校技能大赛已成为五年制高职学生展示技能的实践平台，学生参与的兴趣高涨，在全国、全省技能大赛中摘金夺银，成绩喜人。

4. 更加关注人文素养的提升

人文素养包括人文知识与人文精神两个方面。具体来说，人文素养包括人的价值观念、理想人格、思维方式、行为规范、审美情趣等方面素养。人文素养关系到一个社会的价值导向，关系到一个民族的民族精神的塑造。对个人来说，人文素养关系到一个人的人生走向、职业发展。

江苏五年制高职学校都很关注学生文化基础课、专业基础课、职业生涯规划的学习等，注重学生技术技能的日积月累和人文素养的不断提升。如江苏联合职业技术学院依托学校的"四个一"，即"一馆一会一团一套"（一馆：刘国钧纪念馆，一会：刘国钧研究会，一团：刘国钧精神讲演团，一套：校园文化系列丛书）来传承"刘国钧精神"，培育学生人文精神，助推学生人文素养提升。常州幼儿师范高等专科学校重视挖掘人文历史景观的德育功能，建有校史馆、李公朴事迹陈列馆、仁和广场、名人大道，以此增强师生员工对人文历史文化和学校文化的理解和认同。有些五年制高职学校还开设了礼仪类、口语类、形体类、音乐欣赏类、美术欣赏类、书法类等公共选修课程，培养学生的审美情趣、审美能力、口头表达能力等。

5. 更加关注创新创业能力的培植

创新创业是时代的最强音，是经济转型升级的根本路径。多年来，江苏五年制高职学校以求真务实的精神推动创新创业教育工作，取得了初步成效。

大数据时代的到来，倒逼产业升级，对劳动者创新能力提出了更高的要求。当今，一个不能持续创新的企业很快就会被淘汰。同样，一个不能持续创新的劳动者也无法适应时代的发展要求。江苏省一贯重视职业院校创新教育，自2006年开始江苏省教育厅就联合科技、人社、知识产权等部门开展职业教育创新大赛，激发学生的创新热情，提高学生的科技创新能力。在省教育厅的推动下，江苏五年制高职学校都很重视创新教育，注重培养学生的创新能力，形成一批创新制作成果。有的学校还为有意愿、有潜质的学生制订创新能力培养计划，建立创新档案和成绩单，客观记录并量化评价学生开展创新活动情况。如泰州机电分院成立创新工作室，组建专家指导团，成了创新社团，健全创新教育管理激励机制，不断营造创新教育良好氛围。学校系统开设创新教育课程，组织教师编写《快乐的发明家》《引你成为发明家》《创新思维与实践》《职业学生学创新》《专利法与专利申请》等创新教育校本教材，及时为学生的创新作品申请专利。目前学生共申报国家专利77项，居全省同类学校之首。

提升劳动者的就业创业能力，对于促进经济社会发展具有全局意义。早在2006年，江苏省教育厅就印发了《江苏省职业教育创业行动计划》。经过多年实践，江苏五年制高职学校基本构建起了具有职业教育特色的创业课程、创业实践和创业服务一体的创业教育体系，通过政策倾斜、课程指导、技术支持、资金扶持等手段，激发学生的创业意识、引导学生的创业行为、培植学生的创业能力。江苏五年制高职学校开展创业教育的主要举措有以下几点：一是开设课程。江苏省教育厅组织编写了《职业生涯规划与就业创业》教材，江苏联合职业技术学院组织编写了《就业与创业指导》教材，部分五年制高职学校还编写了创业教育校本教材。泰州市整体开展了NFTE国家创业指导基金会创业教育，常州市整体开展了BCF北森生涯规划师创业教育师资培训和GYB你的创业想法在校生免费创业意识培训。二是大赛引领。江苏多地开展了职业院校创业大赛，2015起江苏省开始举办全省职业学校创业能力大赛。通过举办各种类型的创业大赛有利于增强学生创业的意识和实践能力。三是实践锻炼。不少学校设立了学生创业风险基金或学生创业奖励基金，创立了学生创业园。学生通过学校提供的店面或网上店面来进行创业实践。

6. 更加关注文明礼仪的养成

以礼相待、礼尚往来是中华民族的传统美德。礼仪不仅可以反映一个人的思想品行、文化素养和交际能力，而且能够展现一个国家的文明程度、道德风貌和社会风气。习礼仪、讲文明是人生的必修课。知礼行礼、彬彬有礼，是现代公民必备的素养和追求。五年制高职学生的文明礼仪素养整体较好，但也存在文明礼仪缺失的现象，如不尊重别人（包括自己的长辈），以自我为中心，缺失师生间最基本的礼仪，不拘小节等。江苏省已制定下发了《关于在全省开展未成年人文明礼仪养成教育的意见》和《江苏省未成年人基本文明礼仪规范》。在具体内容上，针对未成年人中存在的不知礼仪、不用礼仪、不讲礼仪等突出问题，强调抓好"八礼四仪"。

根据五年制高职学生特点，结合上级要求，江苏五年制高职学校都很重视学生的文明礼仪教育，通过课堂教学、主题活动月、演讲比赛、征文活动、主题班会、文艺汇演、社团活动、校园宣传等多种形式向学生进行文明礼仪教育。不少学校不仅开设了礼仪课程，还编写了图文并茂、内容丰富的文明礼仪教育辅助读本，如扬州商务分院组织编写了《职业学校学生礼仪读本》，常州刘国钧分院组织编写了《成长礼仪手册》，无锡旅游商贸分院组织编写了《礼仪知识校园读本》，如东分院组织编写了《职校生礼仪规范教程》等。如东分院自1996年下半年起就在全校推行"文明修身"工程，包括讲究卫生、文明用语、遵纪守法、注重公德、勤俭节约、艰苦朴素、爱护公物、尊敬师长、孝敬父母、团结互助等内容。经过多年实践探索，成效显著。

7. 更加关注心理健康的优化

五年制高职学生中有不少是由于中考失意才选择职业院校的，其中相当一部分学生来自农村、城市中低收入家庭。家庭背景、学习成绩、成长经历等多种原因使处于青春期的学生心理敏感，容易产生自卑感。他们渴望独立而身心尚未成熟，极易受到外界的诱惑和影响，容易产生各种各样的心理问题和障碍，对他人、对社会容易产生极端和偏激。因此，要特别注重培养五年制高职学生健康、阳光的心理品质，引导他们树立正确的人生观和价值观。

江苏联合职业技术学院组织编写了《高职心理健康》，各五年制高职学校普遍开设了心理健康课程。不少学校建立了心理咨询室，开通心理健康热线、网上交流平台，组织新生进行心理测试，定期开设心理健康讲座和团体心理训练专题活动，举办心理健康教育节，成立心理社团，编排心理剧，出版心理健康校本读物。各校通过心理课堂、个别咨询、团体辅导、书信咨询、网上交流、热线电话等途径，运用心理剧、角色扮演、心理测量等方法，开启学生心灵，修复学生自信心与创造力，激发其潜能。有的学校还在班级设立心理委员。如无锡技师分院在各班都建立了心理委员，及时了解学生中的心理动态。

三、江苏五年制高职学生综合素质养成路径与方法

五年制高职学校能否培养出高素质技能型人才，与其对学生进行的素质教育密切相关。近年来，江苏五年制高职学校加大改革力度，尝试不同的素质教育实施模式，不断进行实践创新，致力于培养五年制高职学生的综合素质。江苏五年制高职学生综合素质养成的主要路径有课堂教学、文化熏陶、实践锻

炼、管理服务。

（一）课堂教学——建构学生素质

学生素质培养不是独立于课堂之外的另一种教育，而是和课堂教学融为一体、贯穿于人才培养的全过程之中。作为实施素质教育的主渠道，江苏五年制高职学校在课堂教学中建构学生素质。

1. 理论课

理论课教学不仅要考虑知识点的多少和知识的深浅度，更应贴近学生、贴近生活、贴近专业，体现职业教育的特点。江苏五年制高职学校充分挖掘各类课程中的文化内涵、德育因素、人文精神，引导学生形成一种积极乐观的人生观和求知态度，帮助学生树立正确的职业意识和职业理想。各校注重实践教育、体验教育、养成教育，将传授知识与陶冶情操、养成良好的行为习惯有机结合起来。有些五年制高职学校在理论课教学中，通过让学生进行课前三分钟演讲，培养学生的表达能力；通过规范学生的仪容仪表和精神状态（如服饰符合学校规定、上课不睡觉、不玩手机、保持正确坐姿等），培养学生的规则意识；要求学生上课记笔记，培养学生的良好的学习习惯和学习能力。

2. 专业技能课

专业技能课程教学应坚持"做中学、做中教"，突出职业教育"理实一体化"特色。在实践和实训教学环节中，不仅要强化学生的实践能力和职业技能培养，提高学生的实际动手能力，还要注重加强职业道德、职业素养和安全生产教育，强化职业纪律和职业责任感，引导学生做好适应岗位、融入社会和就业创业准备。不少学校在实训课教学中引进"7S"管理制度（7S即整理、整顿、清扫、清洁、安全、节约、素养），借此约束学生的行为，引导学生养成良好的行为习惯，提高他们在企业中的受欢迎程度。此外，一些五年制高职校还在实训课堂中引入"双百分考核"制度，对实训过程进行动态评价，评价内容包括职业素养、职业形象自检、工作程序规范、操作清洁卫生、原料使用合理、操过过程安全无事故等，不仅对学生的实训作品进行考核评价，更对学生整个实训过程进行动态评价，从而使评价更客观、更科学、更多元化。

（二）文化熏陶——提升学生素质

校园文化是一所学校的灵魂，是一所学校凝聚力和活力的源泉。江苏五年制高职学校致力于打造积极环境文化、高雅活动文化、鲜活创业文化、特色社团文化。

1. 积极环境文化

校园环境是校园文化直观的、外在的反映，是构建校园文化的基础。校园环境包括自然环境和人文环境。江苏五年制高职学校在校园人文环境的建设中，结合学校特点，突出专业培养目标，充分发挥校训、校歌、校徽、校标、挂像、雕塑、碑铭、板报、光荣榜、公益广告等要素的激励、宣传作用，努力使学校的每一间实训室、每一面墙壁、每一条走廊、每一个角落都有利于学生明确方向、增强信心、奋发有为。此外，各校还利用校报、校刊、校内广播电视、校园网等传播媒体来宣传劳动模范、技术能手、优秀毕业生，坚持对学生进行正面引导，让健康向上的校园文化占领校园阵地，营造良好育人环境。

2. 高雅活动文化

校园活动包括技能竞赛活动、仪式庆典活动、文化娱乐活动、体育活动以及其他的相关活动。高雅活动文化是指学校通过开展高品位、高格调、高层次的活动，让学生接受洗礼，得到启迪，感受温暖，受到激励。江苏五年制高职学校的校园活动的开展不仅仅停留在一般的趣味性与感官的愉悦上，能结合时代要求、职教特点和专业特色，充分考虑学生的年龄、身心特点和个体差异，把学生思想道德教育和综合职业能力的培养有机融入各项活动之中，把专题活动与日常活动紧密结合起来，广泛开展文化活动、艺术活动、体育活动和技能竞赛活动，推动形成务实向上的校园文明风尚。如常州艺术分院确定了一批德育活动项目为创意项目，各系根据本系特点自主举办德育活动，在此基础上打造具有本校特色的德育品牌活动。如环保创意大赛、"玩转 NCA 手绘攻略图"校园设计大赛、k-shou 校园歌手大赛等。其中 k-shou 校园歌手大赛现在已经发展成为常州大学生的文化活动品牌——"常州大学生创意流行音乐节"。有的学校还将课外活动纳入学生的素质教育体系中，给予相应的学分，鼓励学生积极参与，使校园文化活动成为提高学生综合素质的必要补充。如常州刘国钧分院就制定了《学生素质拓展学分评定办法》，对学生参加文化艺术活动、体育竞赛活动、科技创新活动等都有详细的加分奖励。

3. 鲜活创业文化

中国青年报与腾讯教育合作发布的调查显示，对于职业院校毕业"当老板"的支持率高达 89.2%。在"大众创业，万众创新"的新时代，加强对五年制高职学生的创业教育势在必行。创业教育重在培养学生的创业意识、创业精神、创业方法和创业本领，并利用学校的专业、技术、信息、人才等优势指导学生开展创业活动和创业实践。

江苏五年制高职学校普遍重视学生的创业教育，以创业大赛为引领，积极创造条件为学生提供创业实践平台，孵化创业之星。如镇江分院把工作室建成创业孵化平台。学校在工作室中开辟出专门空间出让给学生成立的微型企业，这些孵化中的企业承接正规企业的工作项目或工作任务，教师和来自企业的专业人士组成导师团队予以支持。对于完成孵化或已毕业学生组建的微型企业学校仍给予一段时间内一定的场所租金等方面的扶持，为企业的正常运营提供帮助。

4. 特色社团文化

学生社团是学生素质教育的有效载体，在拓宽学生视野、完善学生知识结构、提高学生人文素养、促进学生综合素质发展等方面具有不可替代的作用。

江苏五年制高职学校根据本校的传统文化、办学特色、学校资源、学生个性发展需求、指导教师专长等因素，以学生兴趣为纽带，以服务学生成长成才为着力点，积极延伸拓展第一课堂的教学成果，大力扶持专业实践型社团，热情鼓励理论学习型社团，正确引导兴趣爱好型社团，积极倡导社会公益型社团。江苏五年制高职学校坚持有利于广大同学身心健康发展、有利于学生综合素质提高、有利于营造良好的校园文化氛围的原则，让社团成为学生展示才能、发展个性、培养特长的场所，充分发挥学生社团在校园文化建设中的重要作用。

常州刘国钧分院高度重视学生社团发展，积极引导并充分发挥了社团对于实施素质教育、培养学生综合能力、活跃校园文化氛围等方面的有效作用。该校学生自编自导自演社团文化宣传片，在展示该校"社团人"生机活力与魅力的同时，更展示出了该校"社团人"的塑造力和创新力。

（三）实践锻炼——拓展学生素质

实践锻炼是拓展学生素质的重要渠道。江苏五年制高职学校通过企业专业实践锻炼、社会实践、劳动训练等途径，提高学生的职业道德意识，增强学生的社会责任感。

1. 企业专业实践锻炼

企业专业实践锻炼既是对学校教育教学质量的检验，也是促进学生职业技能全面形成的最重要的实践环节。企业专业实践锻炼促进学校教育与企业文化有效衔接，提高学生的岗位操作能力，促使学生良好职业道德的养成，使学生从"学界"比较顺利地进入"职业界"。顶岗实习是企业专业实践锻炼的一种方式，时间通常安排在学生毕业前半年，学生深入社会企业，以一个准职业人的身份，参与企业生产实践。顶岗实习不同于其他方式的地方在于它使学生完全履行其实习岗位的所有职责，独当一面，具有很大的挑战性，对学生技能水平、职业道德、职业心理品质、应用及创新能力等都是一个深层次、全方位的锻炼和检验。有的学校在企业专业实践锻炼方式上进行了探索，如"春秋轮换，工学交替"等形式。

2. 社会实践

社会实践是提升学生素质的重要载体。作为学生接触社会、了解社会的重要途径，在学生综合素质培养，包括品德教育、创新精神、实践能力等方面，发挥着无可替代的重要作用。江苏五年制高职学校开展社会实践活动的主要形式有：参观考察、社会调查、志愿服务。

参观考察。定期组织学生走出课堂和学校，让学生深入社会，到革命圣地、烈士陵园、博物馆、风景名胜区、企事业单位、新农村等地进行实地考察、参观，接受社会教育，让学生获得直接经验，增加感性认识。通过参观考察，使学生了解国情、了解社会、了解职业，认识自身生存与发展的主客观条件，提高学生的自我教育能力和实践能力。

社会调查。指导学生根据自己的兴趣和理论优势进行选题，利用寒暑假、课余或者长假休息时间进行专题调研或社会调查。通过走访调研，使学生走近社会、了解民情、国情，增强他们适应社会的能力，培养他们的观察能力、交往能力、口头和语言表达能力。

志愿服务。根据不同专业特点指导学生定期开展专业技能展示，利用课余时间或节假日，组织学生进社区、进企业、进福利院、进困难职工家庭进行服务性劳动，使学生与社会有更多地接触，增强学生的社会责任感，提高学生的职业道德意识，培养学生感恩祖国的信念，提升他们回报社会的能力。

3. 劳动训练

开设劳动课可以让学生在体验劳动的过程中学会劳动、尊重他人劳动，培养学生勤俭节约、艰苦奋斗、吃苦耐劳的品格。

江苏不少五年制高职校推行"劳动课"，每个班每学期劳动一天，学生参加劳动课期间需统一穿校服，并佩戴劳动值勤袖章，除早晚自习外所有课停上，劳动结束后还需撰写劳动心得。有的学校还制定了劳动课课程标准，明确劳动目的、劳动时间、劳动地点、劳动内容、考核标准及安全要求，学生在劳动课期间不得无故请假或旷课，由于特殊原因未参加劳动课的学生，须在补修合格后方可参加实习就业、领取毕业证书，补修劳动课程的时间不得利用正常课务时间，只能利用周末或节假日时间累计计算。

（四）管理服务——强化学生素质

管理服务是五年制高职学生综合素质养成的重要路径之一。江苏五年制高职学校建立健全立体化、全方位的教育管理服务体系，稳步提高五年制高职学生的综合素质。

1. 实行"三全育人"

"全员育人"的基本理念集中体现在树立"全员、全过程、全方位"的大德育观方面，要求学校根据社会发展的新要求和学生的特殊性，整合育人资源，建立健全学校统一领导、教职工全员参与的领导体制和工作机制，形成"人人承担育人任务、堂堂渗透育人内容、时时蕴含育人理念、事事体现育人作用"的良好格局。不少五年制高职学校全面实行"三全育人"，强化全员育人理念，充分调动全体教职工言传身教、教书育人的自觉性，以良好的思想政治素质和道德风范影响教育学生。

江苏省宜兴中等专业学校积极开展"四帮一"教育活动，由一位退休的老教师、一位问题学生的任课教师、一位问题学生身边的优秀学生、一位问题学生的家长共同关心帮助一位在心理与行为习惯上有偏差的学生。江苏联合职业技术学院制定了《全员育人实施方案》，明确了全员育人的具体分工，落实了全员育人的职责，严格组织全员育人考核，将育人工作纳入各职能部门领导干部和部门绩效考评体系之中，在教学质量评价表中列有"教书育人"考评项目，在绩效考核绩分中列有班主任工作绩分，积极推行"首遇负责制"、任课教师"课堂负责制"，使"三全育人"真正落到实处。

2. 打造"四有"教师

教师不仅是知识、技能的传授者，也是学生成长的引导者，教师不仅仅担任着"教书"的职责，也担任着更为重要的"育人"的职责。习近平总书记对做好老师有四点要求，即成为有理想信念、有道德情操、有扎实学识、有仁爱之心的好教师。这一重要论断指出了新时代好老师的基本品格，为广大教师的成长进步指明了方向，江苏五年制高等职业学校都以习近平总书记"四有教师"为标准，大力提高教师师德修养，树立师德示范。

江苏五年制高职学校坚持以社会主义核心价值观统领和完善师德建设各个环节的规章制度，把社会主义核心价值观的内容、实质、要求等融入班主任队伍师德建设的全过程，基本形成师德建设的长效机制。各校成立师德建设领导小组，每学期召开教师、家长、学生三方座谈会，广泛征求师生和家长的意见和建议，畅通评议渠道，开通网上评议、校长信箱、举报电话等途径收集意见。各校建立学期优秀班主任、表扬班主任评选制度和优秀班级、文明宿舍评比制度，让校园充满正能量，促进班主任努力做社会主义核心价值观的先行者和推动者，用行动影响身边的人，形成良好的育人环境。

3. 学生自主管理

五年制高职学生在求学阶段是个体心理和生理快速发展的时期，在这一阶段学生自我意识的发展是不平衡的，往往会在自我意识上出现偏差，影响自我意识偏差的因素也是多方面的，有家庭、学校、社会以及自身等因素。因此，教育者要正确认识五年制高职学生自我意识发展的特点，在班级管理过程中做到因势利导、扬长避短，培养学生自我意识，能调动学生的主动性、自觉性、自主性，充分发挥其主体作用，提高学习效率，培养学习能力，让学生学会自主管理，促进学生全面成才。

学生会和学生社团等是学生进行自我服务、自我管理、自我教育的重要组织。江苏五年制高职学校普遍建立学生会，各系（部）成立学生分会，年级成立学生支会，校团委、学生处加强对学生干部的选拔、培养管理与使用，通过朋辈教育、典型示范，引导学生养成良好行为习惯。有些学校将保洁工作、纯净水的发放、实训室的管理等工作全部交给了勤工俭学的学生，充分发挥了学生自主管理的作用。

第二节　多元文化背景下高职学生民族精神的培养

多元化是目前全球范围内文化发展的一个重要特点，给我国高职教育带来了不小的影响。近几年，随着高职教育的迅猛发展，如何在这种多元文化背景下，做好高职学生民族精神的培养是一个值得思考的课题。本文拟就多元文化背景下高职学生民族精神的培养作一简单探讨。

一、高职学生民族精神培养的必要性

民族精神是民族意识的核心组成部分，是对民族的社会存在的反映，是对民族在长期的生活实践中形成并不断发展的思想文化、价值观念、民族心理和民族传统的升华。一个民族、一个国家的强大与发展，往往与一个民族、一个国家的民族精神是分不开的。

中国的民族精神以《周易》《尚书》等为渊源，然后不断丰富和发展。"所谓中华民族精神，广义地讲，就是指导中华民族延续发展、不断前进的精粹思想，是民族文化的主导思想。就性质而言，它是一种伟大的卓越的精神；就表现形式而言，它是民族文化的优秀传统。"[1]在中华民族的文化传统中，经典古籍构成了民族精神的核心。经典古籍不仅传承着中华民族奋斗的历史，而且传承着中华民族的基本精神。中华文化的精华被世界誉为中华美德，它对于增强民族凝聚力、振奋民族精神、整合群体价值、协调社会秩序有着极其重要的作用。

任何一个民族，要始终走在时代前列，就不仅要弘扬其民族精神，而且要培育其民族精神。民族精神是一个民族赖以生存和发展的精神支撑。一个民族，没有振奋的精神和高尚的品格，不可能自立于世界民族之林。青年是国家和民族的希望。"一个有远见的民族，总是把关注的目光投向青年；一个有远见的政党，总是把青年看作推动历史发展和社会前进的重要力量。"[2]近年来随着我国职业教育的大力发展，高职学生的数量逐年攀升。高职学生是青年中的重要群体，是十分宝贵的人才资源。多元文化背景下高职学生民

---

[1] 张岱年，方克立.中国文化概论［M］.北京：北京出版社，1994：376.
[2] 周济.抢抓机遇，趁势而上，加强和改进大学生思想政治教育［J］.中国高等教育，2004（21）：3.

族精神的培养，既是世界多元文化发展的客观要求，也是高职学生思想道德建设面临新机遇新挑战的时代需要。民族精神是一个民族、一个国家的向心力和凝聚力，是道德教育的灵魂。只有努力培育当代高职学生的民族精神，不断增强他们的民族责任感和使命感，使他们树立为中华民族的伟大复兴而奋斗不息的理想抱负，才能保证我们的事业后继有人，才能最终实现我们的宏伟目标。

二、多元文化背景下高职学生民族精神培养所面临的挑战

随着全球化进程的加快和改革开放的深入、国际国内形势的变化，加上高职院校大规模扩招，高职学生民族精神培养面临严峻挑战。

（一）民族信仰危机

高职学生思想单纯，容易接受新事物，他们的世界观、人生观、价值观正在形成和确立，可塑性大。在经济全球化，价值取向多元化的时代，部分高职学生经不住西方文化的冲击，在自觉和不自觉中失去了自我，失去了对我国优秀的民族精神和文化传统的信仰，表现出异常的冷淡甚至反感和排斥，不能正确地对待本民族的文化。在政治信仰上，部分学生经受不住西方价值观的诱惑，表现为对国家、民族以及社会主义、共产主义信仰的怀疑，对国家发展中出现的问题缺乏正确的认识，甚至对国家民族的前途和命运失去信心，造成理想信念的缺失，这种对于主体意识形态的怀疑态度，不可避免地在这部分同学中引发民族信仰危机。

（二）民族意识淡化

多元文化背景下，西方的商业性文化和功利性文化在一定程度上也影响着高职学生民族精神的培养。当前，我国实行社会主义市场经济体制。市场经济强调物质利益，市场经济的重利性容易滋生拜金主义和享乐主义。高职院校就像一个浓缩的社会，市场经济的大潮也同样冲击着高职校园。受功利主义价值观的影响，一些高职学生的理想、信念、追求发生动摇，在价值观念方面产生了不同程度的困惑和焦虑。商业性文化和功利性文化不可避免地造成部分高职学生价值观念、道德行为的扭曲和变异。民族精神因无法产生直接市场价值而被一部分学生所抛弃。在商业性、功利性文化的影响下，部分学生政治意识、

民族意识淡化，只关心经济、商业和自身发展，而对民族、国家和政治漠不关心。

（三）狭隘的民族主义情绪

过去，我们进行民族精神教育的时候对本民族过度颂扬和神化，对西方文化进行过度丑化和贬低，这对培养理性的民族精神是非常不利的。当前，一些高职学生身上表现出来的文化自闭主义和狭隘的民族主义情绪与这样的培养是有很大关系的。他们表达民族精神的方式在经济全球化的时代就显得不够成熟和理智，这样处理民族性与世界性不利于我国经济的发展。如果不能正确处理情感和理智的关系，就不能正确处理民族性和世界性的关系，就会走向狭隘的民族主义，就不能促进我们民族的进步和国家的发展。我们坚持的爱国主义同狭隘的民族主义是有本质区别的。要使我们的人民懂得，坚持对外开放，认真学习世界各民族的长处，积极引进先进的科学技术和经营管理经验，增强我们自力更生的能力，加快祖国的发展，这本身就是爱国主义的重要内容。在培养高职学生的民族精神时，注重培育理智、成熟、科学的爱国主义是关键。

三、高职学生民族精神培养的途径与方法

（一）加强高职院校思想政治理论课教学

多元文化背景下高职学生民族精神培养的主渠道还是我们的思想政治理论课教学。

首先，必须明确高职学生民族精神培养是我们思想政治理论课教学中一个重要的教育目标。其次，必须注重对高职院校思想政治理论课教学师资的培训，努力实现高职院校思想政治理论课教学的内容优化，积极探索思想政治理论课教学方法、手段的创新。最后，要注重培养学生对于多元文化的鉴别和选择能力。增强学生对民族文化的认同感，培养学生文化信息选择能力，使学生面对各种文化信息，能做出正确而合理的价值判断和价值选择，使他们树立高职学生民族精神的国际视野。通过努力使我们的学生既具有世界眼光与国际意识，又具有强烈的民族自豪感；既懂得本民族的价值规范体系，又能融入到世界优秀文化之中，用战略的眼光看待国内外形势。

（二）重视高职学生的历史教育

历史是民族的根本，是人们理解和认识现实社会的参照，同时又是孕育民族精神的母体，培育民族精神的根基。当前，开发和挖掘祖国的历史资源，在高职学生中加强历史教育，增强民族自尊心、自信心和凝聚力，是培育高职学生民族精神的重要途径。通过历史教育，要让高职学生了解中国灿烂辉煌的古代史，了解中华文明的形成、发展、壮大；要让学生深刻体会中华民族百折不挠、奋发有为的近现代史，认同中国共产党的领导和走社会主义道路的正确选择；要用历史教育向学生展现民族精神的巨大作用，深刻领会民族精神是一个民族发展壮大的力量之源，要明确自身的历史使命。

（三）加强高职院校校园文化建设

优美高雅的校园文化环境能潜移默化地影响学生健康成长，充实学生生活，培育高尚人格。多元文化背景下，加强高职院校的校园文化建设，构建以中华民族精神为核心的校园文化体系，是高职学生民族精神培养的环境条件。

高职院校的校园文化建设有多种形式。首先，要重视开展节庆教育。如利用"五·一""十·一"等国家重要的节庆纪念日，引导学生树立强烈的国家意识；利用清明、端午、中秋、重阳等民族传统节日，引导学生了解中华民族的民俗风情和传统美德；利用"七·七事变""九·一八事变"等纪念日，对学生进行勿忘国耻的教育，使学生居安思危。其次，要积极开展仪式教育。利用开学典礼、毕业典礼、升旗仪式等开展教育活动。再次，要营造和谐的人文环境。通过举办高水平、知识性的人文讲座，向学生传播更广泛的文化信息，提高学生的审美情趣以及对科学文化与人文精神的感受力、领悟力；通过在校园主要活动场所建造高雅的人文景观，在教室、实训室悬挂伟人、名人的画像、语录及来自本校教师（名师、导师）的寄语，来营造一种文明、健康的人文氛围和精神氛围；通过在教学楼、实训楼、宿舍楼的走廊和墙壁上悬挂学生语录、十佳学生、十佳学生干部、月度新闻人物等，让学生得到充分的尊重和肯定。最后，要重视学生社团的活动。根据学生的身心特点和发展需求，开展具有民族精神特色的活动，增强学生对民族精神的体验和感受，促进学生更加自觉地践行民族精神对自身的要求，使高职学生在这些有益于身心健康的实践活动中，丰富知识、陶冶情操、增强民族精神。

（四）引导高职学生参与社会实践

民族精神是在人们长期的实践活动基础上形成和发展起来的，也是为实践活动服务的。弘扬和培育民族精神，重在实践。

多元文化背景下，培养高职学生民族精神，要以学生为主体，正确引导学生主动参与到传承和弘扬民族精神的实践中来。当代高职学生是改革开放后出生的，有不少为独生子女，生活条件比较好，他们朝气蓬勃、思想活跃、思维敏捷、精力旺盛，喜欢参加各种实践活动。因此我们要抓住学生的特点，以学生为主体，激发学生主动参与各种实践活动的欲望。通过组织高职学生参与社会调查、志愿者服务活动以及各种下乡活动，参观爱国主义教育基地及先进的厂矿、企业、农村，采访劳动模范等先进人物，让高职学生充分接触社会、了解社会。同时，又要以中华民族精神来指导高职学生的各项实践活动，以此形成良性互动，不断培育、增强高职学生的中华民族精神。

（五）充分发挥网络的育人功能

随着信息技术的迅速发展，互联网作为信息传播的新媒体，已经成为高职学生掌握知识、了解信息的一种主要渠道。2006年，襄樊职业技术学院的三名老师采用匿名问卷调查法，对1475名襄樊市高职学生进行上网情况调查，结果有95.05%高职学生上网，近半数学生网龄达3年以上。[①]

互连网的发展可以说是日新月异，它的信息量更大、形式更加多样化、选择性和参与性更强。如何发挥网络的育人功能，提高高职学生政治敏锐性和道德鉴别力，把网络建成弘扬和培育民族精神的坚强阵地已经成为高职院校学生思想政治工作面临的重要而又紧迫的课题。一方面，我们要建立起高质量、大容量、有吸引力的网站，抢夺网络制高点，设立让学生主动参与讨论的主题，特别是在网络中建立有关中华民族精神的相关链接，在BBS相互讨论中加深大学生对民族精神内涵的理解，进而培育大学生的民族精神，创建大学生的精神家园。另一方面，也要建设一支包括专职辅导员、德育课教师在内的队伍，走入网络世界，主动捕捉学生的思想动态，及时发现学生关注的热点、难点问题，针对苗头性、倾向性、群体性问题，有效地做好思想教育工作，着力于高职学生民族精神的培养。

---

① 赵汉芬，张勤国，佘传江. 襄樊市高职学生上网现状调查[J]. 护理学报，2006（5）13-14.

（六）建立多层次民族精神培育体系

学校教育是高职学生民族精神形成的主要形式，但良好的家庭教育和有效的社会教育对高职学生民族精神的形成也有重大的作用。

随着改革开放和市场经济的进一步深入，人们的功利意识比较突出，严重地影响了学校教育的实效性。因此，学校、家庭和社会都应当重视对高职学生的民族精神的培育，把青年学生的民族精神培育纳入整个社会的大系统、大环境之中，空间上向社会发展，时间上向课外延伸，从而形成学校、家庭、社会三结合网络。在三位一体的思想教育网的建立过程中，要发挥学校教育主渠道的作用，坚持把教书育人落到实处；要健全学校、家庭联系制度，实现育人合力；要严肃批判一些社会丑恶现象，用学校小环境积极影响大环境，使学生在接触社会实际的政治事物中受到积极的熏陶。

第三节　职业学校"仁"文化教育实践研究

经济的高速发展，社会多层次、多侧面的变迁，成就了当代社会进步、开放、多元等特质，然而也不可否认，人类在取得重大成就的同时，也付出了沉重的代价。伴随着科学技术的迅速发展和生产力的巨大提高，生态失衡、环境恶化、资源匮乏、人口危机、人情冷漠、道德沦丧、核弹威慑等全球性问题日益尖锐化。人们更强烈感悟到发展人与人之间的"人情"、"人文"价值的可贵。人与人交往，需要在掌握人类一些最基本的道德规范的基础上进行，公德显得尤为重要。仁爱、负责、诚信是最基本道德规范的三大支柱，人们呼唤这些人性中最熠熠生辉的东西的回归与传承。

仁爱是自然人的内在需求，社会人对社会关系的认识。爱的教育是人的教育的内在的固有的属性。真爱既是道德的最高范畴，以及人类道德的核心，同时也是道德教育的起始范畴。"仁爱"是我国传统道德精神的一个重要方面，是儒家文化的内核，是儒学的精华。今天，在重塑人文精神的同时，呼唤传统道德精华的回归同样是十分有益和必要的。仁爱之心是一切道德行为的基石，培养爱心，扩充爱心，是建设道德文明的基础性工程。

本课题以"仁"文化的视角切入职业学校学生的思想道德教育问题，在进行实际调查、理论分析的基础上，提出当前职业学校"仁"文化教育的目标和内容，探索"仁"文化教育的路径与方法，形成可供推广的职业学校"仁"文化教育的经验做法。

一、研究目的

本课题从借鉴优秀传统文化的视角出发，深入挖掘"仁"文化的德育价值，在借鉴现有研究成果的基础上，结合职业学校实际，提出职业学校"仁"文化教育的目标和内容，探索"仁"文化教育的途径与方法，开发"仁"文化教育校本教材，力求形成校本化的"仁"文化教育的经验，以期为其他职业学校开展"仁"文化教育提供借鉴。

二、研究意义

（一）理论意义

"仁"是孔学的根本范畴，是人性结构的理想。孔子正是在"仁"的思想指导下，立足于人格培养，关怀人的成长，追求和谐稳定的社会理想和求仁行仁的人生境界。

本课题研究总结分析职业学校"仁"文化教育的现状特点和存在问题，提出职业学校开展"仁"文化教育的目标、内容，探索"仁"文化教育的途径与方法，编写"仁"文化教育校本教材，收集"仁"文化教育的典型案例及活动视频，从而形成一套理论与实践相结合的教育经验，能为其他职业学校开展"仁"文化教育提供参考借鉴。

（二）实践意义

1. 实现中华民族伟大复兴的需要

当代，各阶层的中华儿女正为中华民族的伟大复兴而努力奋斗。如何使中华民族矗立于世界民族之林，不仅需要科技的力量来支撑，更需要中华民族所特有的魅力去影响世界。不可否认，当今的世界联系越来越紧密，面对世界范围内因利益纷争发出的不同声音，面对不同国家、民族和人民的种种灾难和不幸，以宽容仁爱之心来化解国与国、民族与民族、人与人之间的矛盾，以同情之心关注着他们的痛苦，力所能及地帮助他们，胸怀世界每一个角落的人们，这样才更有利于中国在和谐共荣的国际环境中迈步于中华民族的伟大复兴之路上。中华民族的伟大复兴，需要一代又一代人的不懈努力。尽管职业学校学生还未登上社会舞台，但他们终将成为承载中华民族伟大复兴重担的中坚力量，加强他们仁爱之心的培育，必将有利于中华民族的伟大复兴。

2．弘扬中华民族优良传统的需要

仁，作为儒家乃至中华民族文化中伦理道德的首要内容，历经几千年来的发展，在整个中华民族的文化长河中，对人格的养育，心志的养成，待人待己、兴邦治世，起到了极为重要的规范、约束和导引作用。古往今来，众多名垂青史的伟岸人物，皆为大仁大义之士。历史如此，未来也应是如此。仁，作为人们的道德规范，春秋时就受到社会的普遍重视，到了孔子创立儒学学派时，又将"仁"发展提高到社会"全德之称"的地位，"仁"成为社会道德的总和和道德的最高境界。孟子继承了孔子仁者爱人的思想政治。同时，孟子还发展了孔子的思想。韩愈、朱熹、柳宗元、王安石、程颢、程颐等历代大贤认为，"仁"是修身立家治国的根本，五常之中，"仁"为最贵，无所不统。在今天，大力提倡"仁者爱人"、"仁政爱民"，既是人的善良本性使然，更是时代的强烈呼唤。

3．践行社会主义核心价值观的需要

在社会主义核心价值观中，以爱国是其重要内容之一。回顾中华民族的发展史，可以说是一部中华儿女的爱国奋斗史，其中饱含着仁人志士为了国家甘愿舍生取义的伟大之爱。从这一意义而言，仁爱精神是民族精神的重要组成部分。日月几易，仁爱精神已渗透于中华民族的血脉，形成了中华民族克己为人、见义勇为、当仁不让的独特个性，"仁者爱人"、"亲仁善邻"、"四海之内皆兄弟"更是伟大民族精神的生动写照。加强"仁"文化教育，把符合时代需要的仁爱精神作为弘扬和培育职校生民族精神不可或缺的重要资源，对加强职校生社会主义核心价值观教育有着重要而深远的意义。

4．培养合格技术技能型人才的需要

职校生是我国未成年人的重要组成部分，是我国未来产业大军的重要来源。职校生思想道德状况的优劣，将直接关系到我国未来产业大军的素质，关系到国家和民族的未来。"仁者爱人"是完美的道德观念和品质，是人的内在需要。一个人只有怀着爱人之情才是有道德的人，而理想的人格正是在不断地引导、教育中得以实现的。培育职校生的仁爱之心,引导他们将仁爱之心推而广之去爱别人,以一种将心比心、推己及人的精神保持与他人之间的和谐关系,使其在面对父母、他人、集体、社会和国家时,能够以一种仁爱的境界来调适内心的矛盾,得到精神的愉悦和恒久的幸福,从而在爱他中实现自我人格的完善。

三、核心概念

(一)"仁"文化

从字源上看,仁是用以指称人与人之间亲密无间的范畴。同时,先秦时期人们还一直用仁表示一种德行。"仁",谓与人为善之意,含有仁爱、仁慈、仁厚、仁义等美好道德的意蕴。至春秋末期,孔子将仁纳入自己的道德学说,从哲学范畴给予系统阐发。"仁"是孔学的根本范畴,是人性结构的理想。孔子正是在"仁"的思想指导下,立足于人格培养,关怀人的成长,追求和谐稳定的社会理想和求仁行仁的人生境界。孔子所说的"仁"包括"义、礼、忠、恕、孝、悌、慈、爱、勇、温、良、俭、让、恭、宽、信、敏、惠"等一系列内容。"仁"作为儒学的核心思想历经了两千多年的发展,儒家学者对于"仁"的论述有一个不断丰富与深入的过程。根据著名儒学家陈荣捷的总结,"仁"的含义至少有十种,分别是:①上天悯人;②仁慈;③完善的美德;④爱;⑤亲亲之情;⑥博爱;⑦人心;⑧公正无私;⑨与天地万物一体及创造万物的力;⑩生生的过程。"仁"文化是中国传统文化的重要组成部分,它全面而深刻地涵盖了以人的自我修养为基础、以和谐人际关系为核心的思想理论。"仁"文化中包含的积极因素对当代青少年学生道德素质的全面提升具有重要价值。

(二)"仁"文化教育

从现有资料来看,目前学界似未有人明确提出"仁"文化教育的概念,与此相关联的研究多数将仁文化的传承理解为仁爱教育。将"仁"理解为要有爱人之心,这当然不错。但我们认为"仁"文化的内容丰富(如上所述),不仅是指对人要有仁爱之心,同时也指对万物要有仁爱之心,对自己也要有仁爱之心。基于此,本课题的"仁"文化教育是指从德育的视角出发,结合时代特征，对"仁"文化的德育价值进行深入挖掘，从教会学生处理好人的身与心、人与人、人与自然这三类关系入手，对学生开展生命价值观教育、人际和谐教育、生态文明教育，培养学生树立正确的生命价值观、人际和谐观和生态伦理观。

（三）实践研究

实践是改造社会和自然的有意识的活动；研究是探求事物的性质、规律。本课题中实践研究是指职业学校依据社会需求，对"仁"文化教育进行全面规划和设计，整合理论研究与实践探索的成果，并有效地加以实施。

四、研究思路

通过收集、阅读相关文献资料，结合职业学校实际，对职业学校"仁"文化教育研究现状进行客观分析，由此提出职业学校"仁"文化教育的目标与内容，探索"仁"文化教育的途径与方法，编写《"仁"文化教育读本》，收集"仁"文化教育中的典型案例，以此形成一套具有职教特色的"仁"文化教育特色做法。

五、研究基础

（一）理论与实践依据

1. 理论基础
（1）儒家仁爱思想

儒家最重要的思想是"仁"，不仅体现在"爱人"，还进一步把"仁"的思想扩展到自然界，"仁爱万物"触发了人类对自然界万物的关怀。《周易》把"生生"作为人之"大德"，"天地之大德曰生"。孟子则依照动植物按"时"的变化而生长的规律发表观点："不违农时，谷不可胜食也。"。孔子提出"钓而不纲，弋不射宿"，主张要注重动物的永续利用。荀子则更加系统地阐述了依"时"保护自然资源的思想。

（2）马克思主义伦理思想

一是在道德原则和价值目标上坚持以个人同社会和谐发展为价值目标的集体主义道德原则，把全心全意为人民服务视为共产主义道德和社会主义道德的核心，主张把绝大多数人民群众的根本利益作为一切言论和行动的出发点和归宿。二是在价值评价标准和道德价值观念方面，主张超越道义论与功利论的对立，坚持功利与道义的辩证统一、有机结合亦即义利并重、义利统一。

（3）关心教育理论

美国教育学会主席、世界著名教育学家内尔·诺丁斯在20世纪七、八十年代美国发生复杂社会变迁的现实背景下，在关怀伦理学的基础上，用二十年心血创立发展了关心教育理论，其思想具有深远的伦理学、哲学、教育学和社会学的理论渊源，成为世界道德教育的一个重要流派。诺丁斯批判道德认知发展论，颠覆了人们长期所信奉的教育理念，认为道德教育乃至整个教育的目的（诺丁斯在某种意义上重合了二者），不仅要培养有道德的人，在教育的过程、行为与方法上等也要合乎道德性。重视学生的个体差异和内心感受，强调学生的尊严和价值，只有这样具有关怀性的教育才是道德的教育，才能真正培养学生的道德情操。

（4）建构主义理论

皮亚杰与维果斯基是20世纪最早研究建构主义学习理论的两位心理学家。随着心理学对人类学习过程认识规律研究的不断深入，建构主义学习理论在西方逐渐流行，在我国也被许多教育工作者用于教学实践中。建构主义学习理论十分丰富，其核心是：学习是一种包含主观知识和客观知识不断互相创造循环的过程，而且只有当主观知识与客观知识关联在一起时，真正的学习或有意义的学习才发生。

2. 实践依据

校园作为一种培养人的社会机构，首先应当是和谐的。和谐的社会是由和谐的人组成的，而和谐发展的人是由和谐的校园孕育出来的。和谐社会的建设应当从校园抓起，通过一个个和谐校园的创建，引领社会走向和谐发展。和谐校园是为儿童的生命成长创设最适宜的土壤为建设的宗旨。生命的本质在于其情感、态度、思维、思想等高级精神活动。所谓生命成长，不仅仅是授受知识，更重要的是启迪智慧、润泽生命。瑞士著名教育实践活动家和教育理论家裴斯泰洛齐认为，爱不仅是协调其它感情的核心因素，而且是人性统一的核心因素，只有爱才能使知行合一，使人成为和谐的人，理想的人。

六、研究结论

（一）中国梦视阈下传统仁爱思想的当代价值

中国梦立足于中华大地，深深扎根于中华优秀传统文化的丰厚土壤，具有中华优秀传统文化的深厚底蕴。实现中国梦，需要调动一切可以调动的积极因素，汲取包括优秀传统文化在内的强大正能量。

1. 中华优秀传统文化是实现中国梦的重要精神力量

实现中华民族伟大复兴的中国梦，是中华民族近代以来最伟大的梦想，是每一位中华儿女的共同愿望。伟大的梦想，需要伟大的精神做支撑。实现中国梦必须弘扬中国精神，而弘扬中国精神，就必须弘扬中华优秀传统文化，从中寻找宝贵的价值资源。

中华民族有着上下五千年连绵不断的文明历史，创造了源远流长、博大精深的中华文化，为人类文明进步和发展作出了巨大的贡献。中华优秀传统文化就是历经沧桑而积淀传承下来的文化精华。"中华优秀传统文化积淀着中华民族最深沉的精神追求，包含着中华民族最根本的精神基因，代表着中华民族独特的精神标识，是中华民族生生不息、发展壮大的丰厚滋养。"中华优秀传统文化是中华民族的突出优势，是我们最深厚的文化软实力。习近平强调，"要认真汲取中华优秀传统文化的思想精华和道德精髓，大力弘扬以爱国主义为核心的民族精神和以改革创新为核心的时代精神，深入挖掘和阐发中华优秀传统文化讲仁爱、重民本、守诚信、崇正义、尚和合、求大同的时代价值，使中华优秀传统文化成为涵养社会主义核心价值观的重要源泉。" "仁爱、民本、诚信、正义、和合、大同"是对中华优秀传统文化的精练概括和准确表达。

在当今世界全球化的大趋势下，各种思想文化交融碰撞，民族的、本土的文化传统具有不可替代和复制的重要价值。在历史发展的长河中，中华优秀传统文化是中华文明生生不息、代代相传的力量源泉。中华优秀传统文化凝聚着中华民族自强不息的精神追求和历久弥新的精神财富，蕴含着实现中国梦的丰富资源，是实现中华民族伟大复兴的重要精神力量。

2. 传统仁爱思想的内涵及其历史流变

儒、释、道是中华文化重要的组成部分，其中儒家对中国人的影响最大。儒家是中华传统文化的主流，儒家的核心价值观就是中华文化的核心价值观。

仁爱思想是贯穿儒家学说的主线，是整个儒学思想体系的核心内容。崇尚仁爱是中华民族最具代表性的传统美德之一。

先秦时期，孔子以爱释仁。《论语》中用仁字达109次之多。孔子是第一个把"人"同"仁"联系起来，并把"仁"解释为"爱人"的人。《论语·颜渊》记载："樊迟问仁。子曰：'爱人'"。在孔子看来，仁心是实践仁道的根本，而所谓仁心就是对人的善意和关爱。孔子的仁爱观有三个层次：一是自己不愿承受的事也不要强加在别人身上。《论语·颜渊》记载："子贡问曰：'有一言而可以终身行之者乎？'子曰：'其恕乎！己所不欲，勿施于人。'"。二是根据自己内心的体验来推测别人的思想感受，达到推己及人的目的。孔子说"夫仁者，己欲立而立人，己欲达而达人"（《论语·雍也》），你自己站得住，也要让别人站得住，你自己发达，也要让别人发达。三是以仁爱构建物质生活和精神生活都得到满足的理想社会。《论语·公冶长》记载："颜渊、季路侍。子曰：'盍各言尔志？'子路曰：'愿车马衣轻裘与朋友共，敝之而无憾。'颜渊曰：'愿无伐善，无施劳。'子路曰：'愿闻子之志。'子曰：'老者安之，朋友信之，少者怀之。'"孔子问弟子有什么愿望，子路的回答是："有车子、衣服，同朋友共享；用坏了、穿破了，拉倒，决不抱怨"，颜渊的回答是："如果我能做点好事或取得一些成绩，我不会去夸耀和显示"，孔子则说："让老人都得到安乐，朋友之间讲究诚信、友善，少年儿童受到良好教育。"孔子还进一步把仁的道德概念运用到各层面，提出"为政以德，譬如北辰，居其所而众星拱之"，"道之以政，齐之以刑，民免而无耻；道之以德，齐之以礼，有耻且格"（《论语·为政》）。孟子以心性论仁，提出"人皆有所不忍，达之于其所忍，仁也。"（《孟子·尽心下》），认为人人都有不忍心干的事，把它推及到他所忍心去干的事上，就是仁。孟子认为恻隐之心、不忍之心都是爱的深度表达。荀子以礼释仁，提出"将原先王，本仁义，则礼正其经纬蹊径也。"（《荀子·劝学》），认为要穷究圣人的智慧，寻求仁义的根本，从礼法入手才是能够融会贯通的捷径。

汉代董仲舒以天人感应论释仁，认为"仁"是一种爱心的反映，具有明显的人道色彩。董仲舒提出："人之受命于天，取仁于天而仁也。"（《春秋繁露·王者通三》）他从天人合一的立场出发，认为人之"仁"来源于天之"仁"。隋唐时期的思想家将仁学道统化。唐代始终存在儒佛之争，佛教为了维护自己的神学体系，曾编造了一个由历代祖师一脉相承的传授体系，称为

"法统"。唐代中期，韩愈为了对抗佛教，著《原道》，提出了儒家道统说，谓尧、舜、禹、汤、文、武、周公、孔、孟依次相传，孟子之后，道统中断，结果使佛老学说统治了人们的头脑。韩愈以继承孟子自居，认为自己的历史使命就是恢复和发扬儒家的"道统"。所谓"道"，即仁义道德，他在《原道》中说："博爱之谓仁，行而宜之之谓义，由是而之焉之谓道。"韩愈认为，只有儒家"道统"才是正统。宋明理学时期，二程（程颢、程颐）和朱熹以生生言仁、以体用言仁，将仁普遍化、本土化。晚清时期，以康有为、谭嗣同为代表创立的"维新仁学"，在理论上尝试融合西方的自由、平等、博爱、科学的精神于其新学体系中。在此基础上，近代一批知识分子建立了力图通过吸纳融合西方文明而重建儒家仁学形而上的新儒学。伟大的革命先行者孙中山先生提出了自己的博爱型仁爱观。中国共产党充分汲取儒家仁爱思想的精华，始终将全心全意为人民服务作为自己的宗旨。

尽管不同时期，人们以不同方式把握仁这一概念，但仁学体系始终是以爱为中心，把仁爱作为人伦的原则和人道的基石，因此我们可以把儒家仁学称之为爱的哲学。儒家仁爱思想经过两千多年的社会实践，浸润了中华民族的整体文明，其中许多东西在实现中国梦的实践过程中仍然值得我们借鉴。

3. 仁爱思想的当代价值

传统文化要想获得新生，就必须与当代文化进行整合。在实现中国梦的征程中，我们对待中华传统文化，既不能因循守旧，也不能全盘否定，应该有鉴别地加以对待，有扬弃地予以继承，深入挖掘和提炼其内在的思想价值，赋予优秀传统文化新的内涵，使之不断发扬光大，成为实现中国梦的不竭源泉。

（1）弘扬仁爱精神，有助于处理好人的身与心的关系。儒家仁爱是要从自爱开始，以自爱为起点（但不是以自爱为中心）不断扩展的。儒家仁爱提倡爱自己，认为不仅要珍爱自己的肉体生命，还要珍爱自己的精神生命，才能实现每个人的身心和谐。孔子说："仁者寿"（《论语•雍也》）汉代杨雄说："人必其自爱也，而后人爱诸；人必其自敬也，而后人敬诸。自爱，仁之至也；自敬，礼之至也。未有不自爱敬而人爱敬之者也。"（《法言•君子》）北宋王安石说："爱己者，仁之端也，可推以爱人也。"（《荀卿》）明代吕坤提出了"自爱自全之道"（《呻吟语》）值得注意的是，儒家提倡的自爱不是自恋，而是自律、自尊、自强。

仁爱思想中的"自爱观"为调节自我身心内外的矛盾提供了极有价值的思

想资源。自爱是最基本的爱，如果一个人连自己都不懂得爱惜，又何谈爱他人呢？仁爱首先要从爱自己开始，爱自己就是要热爱自己的生命，爱自己就是对自己进行积极管理，就是直面自己、了解自己、容纳自己、善待自己。懂得自爱的人会养成良好的生活习惯，过一种简单、有规律、有节制的生活；会关注心理健康，保持良好情绪、保持平和心境。只有懂得自爱，才能得到幸福。只有懂得自爱，才能最大限度地把自己的聪明才智和创造力发挥出来，实现个人梦想，并为实现中国梦贡献自己的力量。

（2）弘扬仁爱精神，有助于处理好人与人的关系。儒家"仁"的核心是强调人与人之间要有爱心、同情心。孔子提出仁者爱人、推己及人、己所不欲勿施于人等思想，表明爱人是一种发自内心的真诚，是对他人的一种责任心，对待他人应宽容友善、将心比心、设身处地为他人着想。孟子强调："爱人者，人恒爱之；敬人者，人恒敬之。"（《孟子·离娄下》）。儒家认为"仁爱"的品德是人本身所具有的，爱自己的亲人是最根本的，但同时也指出"仁爱"不能停留在只是爱自己的亲人，而应该由"亲亲"扩大到"仁民"以及"爱物"。儒家将仁爱既当做最高的道德原则，又作为崇高的道德品质，认为只要从爱人、敬人出发，直到先人而后己甚至舍己从人，就能达到彼此相互和谐的人际关系。

仁爱体系中所蕴含的哲学思想，对于构建和谐人际关系具有重要的方法论意义。儒家的仁爱思想提倡对人要有仁爱之心，而仁爱之心的根本就是把人当作人来看，处理好人际之间的关系，实现人际关系的和谐。从家庭关系的角度来看，血缘关系不能维系感情，唯有仁爱，才是亲情的纽带，也就是说仁爱是家庭和睦的基础。从社会交往的角度来看，只有从爱人、敬人出发，直到先人而后己甚至舍己从人，就能达到彼此相互和谐的人际关系。在文化多元化的当今社会，提倡仁爱，可以帮助人们以积极的心态看待其他公民，引领人们以开放、包容的心态对待公民间在生活方式、文化、观点等方面的差异，在社会生活中求同存异，建立良好的人际关系。实现中国梦需要凝聚中国力量，只有人际和谐，中国力量才能充分凝聚并发挥巨大作用。

（3）弘扬仁爱精神，有助于处理好人与自然的关系。儒家仁爱思想不只是对人类的爱，也包括对自然界一切生灵和万物的爱。仁爱思想以自我为起点扩展到宇宙万物的践行次第，以仁爱情怀对待自然，把人与自然看成是一个有机联系的整体，体现了对生命和大自然的尊重。孔子说："草木以时伐焉，禽兽以时杀焉。""伐一木，杀一兽，不以其时，非孝也。"(《大戴礼记》)，他将人们对生态环境的珍惜上升到人们道德要求的高度。孟子提出"知心—知性—知天"的理论，把人的本性、心灵以及自然看着一个整体。董仲舒在《春秋繁露·仁义法》中也指出："质于爱民，以下至于鸟兽昆虫莫不爱。不爱，悉足以谓仁？"进一步将儒家仁爱思想引申到人们对自然环境的爱护。程颢认为"仁者以天地万物为一体"。儒家肯定天地万物的内在价值，认为天地万物是人类赖以生存的物质基础，对待万物应采取友善爱护的态度，若随意破坏浪费这些资源，会损害人类自身。

儒家仁爱思想中的生态伦理观对当前我国生态文明建设具有重要的借鉴意义。改革开放以来我国经济总量的增长实际上走的是一条粗放式的发展道路，对资源进行掠夺式开发利用，对资源环境造成了严重破坏和污染。资源短缺、环境污染已成为制约我国经济社会实现可持续发展的瓶颈，并将产生长期的负面影响。基于我国的资源环境现状，党的十八大把生态文明建设纳入中国特色社会主义事业五位一体的总体布局，提出建设美丽中国的全新的理念，描绘了生态文明建设的美好前景。要实现中国梦，就必须大力推进生态文明建设。弘扬儒家仁爱思想，真正做到珍爱自然、保护生态，才能完成生产发展、生活富裕、生态良好的发展目标，最终实现中华民族伟大复兴的中国梦。

(4) 弘扬仁爱精神，有助于处理好执政党与人民群众的关系。儒家积极致力于为养民、富民、安邦出谋划策，明确提出了仁政思想。孔子要求统治者"节用而爱人，使民以时"(《论语·学而》)，国君节用而爱养人民，不要无穷无尽地使用民力，使老百姓有休养生息的时间。他还提出"博施于民而能济众"(《论语·雍也》)，"政者，正也。君为政，则百姓从政矣。"(《礼记·哀公问》)，"其身正，不令而行，其身不正，虽令不从。"(《论语·子路》)。孟子继承了孔子的仁学思想，并明确将仁和政联系起来，提出仁政的政治理想，将养民、富民、安邦视为为政施仁的根本，要求统治者为政以德、施行仁政，这是中国历史上继大同理想后又一对人们有极大号召力的政治蓝图。

从政治学的角度来看，儒家提出仁政思想，作为一种治国方略，在今天仍然具有借鉴意义。中国共产党人以马克思主义为指导，在批判地继承中国传统仁爱思想的基础上，在长期领导中国革命、建设和改革的过程中，逐渐形成了全心全意为人民服务的执政宗旨，立党为公，执政为民的执政理念，情为民所系、利为民所谋、权为民所用的执政情怀。中国梦的提出，极大地升华了中国共产党的执政理念，是中国共产党执政为民理念的新境界。人民群众始终是党坚实的执政基础，是党的力量源泉。服务人民，既是党的根本宗旨，也是党的执政承诺，还是党的执政资源和执政基础。习近平强调："一个政党，一个政权，其前途和命运最终取决于人心向背。如果我们脱离群众、失去人民拥护和支持，最终也会走向失败。"作为执政党，中国共产党必须不断增强自身现代性，努力实现现代转型，永葆先进性和纯洁性，才能带领中国人民实现中华民族伟大复兴的中国梦。

（5）弘扬仁爱精神，有助于处理好中国与其他国家的关系。仁爱是善良，是宽容，是友善，是人类社会历史发展的推动力之一。先秦时期，史伯就提出了"夫和实生物，同则不继"（《国语·郑语》）的观点；老子说"万物负阴抱阳，冲气以为和"（《道德经》）。儒家仁爱思想继承了先哲的和谐理念，孔子说："君子和而不同，小人同而不和"（《论语·子路》）；孟子提出"天时不如地利，地利不如人和"，"得道多助，失道寡助"（《孟子·公孙丑下》）。仁爱精神始终追求人与人、人与社会、人与自然的协调与和谐。从古至今，在维护中华民族和国家利益的基础上，我国本着和平友爱、合作互助的理念，愿意同世界上的任何国家建交。仁爱是我们的精神支柱，使中国同其他国家的合作创造了更大空间。

仁爱思想对构建和谐世界具有重要的借鉴意义。和平发展是实现民族伟大复兴中国梦的现实需要。和平发展离不开仁爱。从中国政府倡导和平共处五项原则，主张国家不论大小一律平等，到提出"与邻为善、以邻为伴"的方针，以及"睦邻、安邻、富邻"的政策；从积极倡导建立公正合理的国际政治经济新秩序，到主张不同文明之间的平等对话、构建和谐世界等等，无一不体现着仁爱精神。党的十八大报告指出："人类只有一个地球，各国共处一个世界。历史昭示我们，弱肉强食不是人类共存之道，穷兵黩武无法带来美好世界。要和平不要战争，要发展不要贫穷，要合作不要对抗，推动建设持久和平、共同繁荣的和谐世界，是各国人民共同愿望。"作为发展中的大国，理应以仁爱的心态对待自己、对待国际社会。在国家交往中提倡仁爱，既为我国创造和平的发展环境，实现中华民族的伟大复兴，又将促进世界的安定繁荣。

(二)职业学校"仁"文化教育的目标

一般而言,在未成年的纯真之中,最多最集中地反映在善良之性方面,职校生正处于培养善良之性的黄金时期,"仁"文化教育应趁此最佳时机,因势利导地将他们的善良之性培育、生成伟大的仁爱之心。一旦这种仁爱之性得到充分发展,就会奠定一系列的良好德行,成为道德品质、政治态度以及价值观念的发展基础。因此,职业学校"仁"文化教育是以职校生作为教育对象,在遵循他们身心发展规律的基础之上,促使他们通过"仁"文化认知、"仁"文化教育实践激发仁爱情感,在以仁爱之心待人、待物的过程中不断提升个体仁爱能力,正确处理自身与他人、集体、社会、国家、自然和世界关系的教育。

(三)职业学校"仁"文化教育的内容

儒家文化的精髓是仁爱精神,它包含的内容很丰富。有学者认为仁爱精神就是对他人的爱心,课题组认为要成为一个大仁大贤之人,不仅要爱他人,还要对自然、对自己存有仁爱之心。我们根据仁爱的指向对象看,将职业学校"仁"文化教育内容分为三个方面:一是自我之爱,即对个体自身客观、公正而全面的认识、了解以及对自身生命和成长的尊重、负责、关怀,帮助学生认识生命、珍惜生命、热爱生命,树立正确的生命价值观。二是他人之爱,即对外在于自我的生命与成长进行客观、公正而全面的认识、了解,并在此基础上对其尊重、关怀和帮助,引导学生尊重人、关心人、爱护人、礼待人,树立正确的人际和谐观。三是自然之爱,即开展生态文明教育,教育学生对自然敬畏、关心和尊重,对大自然的一草一木充满爱心、同情心。

1. 自我之爱

儒家的"仁"文化提倡爱自己,不仅爱自己的肉体生命,还要爱自己的精神生命,也就是身心和谐。只有精神生命是永存的。修齐治平作为儒家内圣外王思想的核心内容,主张修身、齐家、治国、平天下。修身是关键,《大学》对此进行了全面的论述:"古之欲明明德于天下者。先治其国;欲治其国者,先齐其家;

欲齐其家者,先修其身;欲修其身者,先正其心;欲正其心者,先诚其意;欲诚其意者,先致其知;致知在格物。物格而后知致,知致而后意诚,意诚而后心正,心正而后身修,身修而后家齐,家齐而后国治,国治而后天下平。白天子以至于庶人。壹是皆以修身为本。"修身是通过克己而实现最高的精神境界和觉悟。而不是伪装和压制自己的人性。事实证明。人的欲望可以通过心灵的净化而去除。修身克己，然后才能够谈得上齐家治国、平天下。儒家提倡的诚意修身、维护仁德、"和为贵"，作为人们提高理性，维护社会秩序的指导思想，对于当今的社会同样有指导作用。

由于"先天不足"的原因，职业学校学生中不同程度地存在着人文知识缺乏、文化素质较差，价值观念扭曲，价值取向变形等现象，他们更多地表现出自然人的陋习和恶习的一面。如贪玩厌学、玩世不恭、自我约束力差、公德意识淡漠、缺乏远大理想、享乐主义拜金主义至上、对校园主导文化有一种自然的对立心理等，所有这些都严重阻碍了学生道德人格的形成和发展。在个人与社会、个体与群体的关系中，"仁"文化强调人性的升华，强调大公无私，强调每个人应该拥有的社会责任，崇尚社会群体的利益高于一切，个人应当在追求民族、国家的最大利益中实现自我，完善人性，获得永生。这些对于职业院校学生淡漠道德，急功近利的思想，有着理想的纠偏作用。职业学校要培养学生正确的生命价值观，帮助学生认识生命、珍惜生命、热爱生命。

2. 他人之爱

儒家的"仁"文化提倡爱别人。《论语·颜渊》记载：樊迟问仁。子曰："爱人。"《论语·乡党》记载：厩焚，子退朝。曰："伤人乎？"不问马。孔子的这两句话，说明儒家的仁爱思想提倡对人要有仁爱之心，而仁爱之心的根本就是把人当作人来看，处理好人际之间的关系，因此充满了浓厚的人文精神。处理人际之间关系的目的在于实现和谐。儒家向来注重社会和谐、家庭和谐、群己和谐。儒家的"仁"文化包含很多具体的处理人与人之间关系的内容，比如诚、敬、忠、孝、仁、义、礼、信……孔子提出了类似于所谓道德金律的"己所不欲，勿施于人"（《论语·卫灵公》）。人己之间要相互体谅，凡事如果站在对方的角度进行换位思考。在与人交往的时候，就会懂得相互之间的帮助与支持，可以为实现和谐打下基础。

对自己和其他人的关系，坚持仁爱的原则。就是要贯彻"己所不欲，勿施于人"的道德金律。把自己当人看，也把别人当人看。自己不想干的，不要强求别人去干。这个原则是非常难以实现的。但是如果大家都贯彻这样的原则，就可能好实现一些了。现阶段在职业学校的学生中，有反社会人格的倾向，应该引起我们的高度重视。这些学生行为受原始欲望支配，脾气暴躁，情感冷淡，不诚实，道德意识和社会责任感淡漠，对是非善恶缺乏正确判断。儒家的入世观，更多地强调了做人的社会意识。如对于他人的爱心，对于家庭和社会的责任感等，恰好与之相对，这其中强化学生的责任意识以及养成学生的浩然正气，是表达他人之爱的重要因素。我们要引导职业学校学生尊重人、关心人、爱护人、礼待人，树立正确的人际和谐观。

3. 自然之爱

儒家"仁"文化提倡爱自然。爱万物，因为人与万物是统一的。儒家这种思想的基础，是天人合一论。这种思想主张人要热爱自然，顺从自然，认识自然，保护自然，用科学精神去解决人与自然的关系。儒家认识到，人类要爱自己，首先要爱自然万物。因为人与天地万物本来是来自同一个本源。儒家认为，万物与人体一样，是充满生机与活力的生命体。不管是至大无外的，还是至小无内的，其间无不流荡着勃勃的生气，充满着无限的生机与活力。因此儒家对物的态度，是怀着同情心去观照，把它看成人的同类，从而发现人身上所有的东西。所以儒家谋求人与天、社会与自然的统一与融合。儒家的天人哲学，认为天与人属于同一世界，天人之间是互相对立又互相依存的。爱人类也要爱自然，爱自然要注重自然与人的协调。因此儒家反对掠夺性地开发自然，提倡保护自然，热爱生命。

在万能的大自然面前，任何人类中心主义的思想以及对自然的无限制宰制、占有或无视动物、植物存在的行为，都是严重的罪过。假如没有了山林、河流、动植物，人类还会存在吗？所以儒家这种人与自然要和谐一致的思想，在今天看来绝不过时，是我们应该时刻牢记在心的。

儒家提倡的对天地万物的博爱之心，是当前进行环保教育和接受环保教育的人都易于接受且乐于接受的，因为它天然地符合人类的道德情感。倘能培养起对自然万物的博爱意识，不仅可以有效地保护人类赖以生存的自然环境，反过来也有助于促进人类之间的友爱，同时也能使人从万物的勃勃生机中获得美的享受和道德心的满足。职业学校应适时开展生态文明教育，教育学生对自然敬畏、关心和尊重，对大自然的一草一木充满爱心、同情心。

（四）职业学校"仁"文化教育的原则

1. 教育主体多元化原则

"仁"文化教育是一项复合工程，需要学校、家庭、社会和学生一同行动、密切配合、形成合力,构建四位一体的"仁"文化教育体系。"仁"文化教育应以学校教育为主导,引导学生进行自我教育,注重发挥家庭和社会的教育作用,实现学校教育、家庭教育、社会教育和自我教育四者有机结合,使之相互衔接、相互渗透、相互补充。

2. 教育形式多样化原则

职业学校要通过多种形式开展"仁"文化教育活动,如理论宣讲、文化熏陶、课程渗透、活动领悟、实践体验等;应结合学校实际和学生专业,依托专业开展丰富多彩的校园文化活动和实践体验活动。

3. 教育方式隐性化原则

隐性教育是指教育者、教育内容、教育目标是不直接显露的,而是隐藏的,教育形式是侧面的、间接的,常采用渗透式教育方式,主要形式有:校园环境建设、校园文化氛围营造、教职工的言行、大众教育传媒等。职业学校学生年龄较小,进行正面教育、显性教育的效果有限,甚至会出现逆反心理。要注意发挥隐性教育的作用,将"仁"文化教育融入到校园文化中去,渗透到教学过程中去,渗透到各种活动中去,使学生在不知不觉地接受教育,使"仁"文化教育入耳、入脑、入心,实现内化。

(五)职业学校"仁"文化教育的路径与方法

1. 教育引导,发挥学校教育主阵地作用

(1)文化熏陶

校园文化熏陶。校园文化作为一种环境教育力量,是无声的老师,有潜移默化的作用。职业学校要注重校园文化建设,打造校园"仁"文化体系,努力让校园文化成为孕育"仁"文化的摇篮。建设"仁"文化园,谱写"仁赞歌",塑造雷锋像,开设雷锋精神宣传专栏,大力弘扬雷锋仁爱精神。坚持以"立德树人"为根本,构建以"五会"(会做人、会学习、会生活、会合作、会创新)为目标的育人文化体系,浓郁文化氛围。

仪式文化感染。仁爱仪式具有强烈的感染力与心理内化力,可使仁爱理念具体化,融入现实生活,内化为学生的内心需要,以感染、启迪和塑造学生。经常举办一些仁爱活动仪式,如爱心志愿者宣誓仪式、"5.12"慈善一日捐捐赠仪式、"三困生"结对帮扶结对仪式等。

行为文化示范。注重师德师风的垂范作用,要求教师加强师德修养,为人师表，以身作则，躬身实践。通过"师德标兵"、"感动校园教师"等活动评选，号召广大教师做学生仁爱的导师，成为展现仁爱精神的典范。

仁爱行为示范。学校仁爱行为是一本生动的教科书。从"仁"出发，充分发挥自身资源优势，积极参与国家帮扶计划，与新疆、甘肃、青海等地西部贫困地区合作办学，给予师资、技术、资金方面的扶持；实施"春蕾"计划，免费招收失学女童来校就读，千方百计帮其就业创业；利用专业优势大力开展农村劳动力转移、退役军人、残疾人就业、下岗失业人员再就业等技能培训，服务地方经济发展等。这些仁爱行为，受到了社会的广泛赞誉。

（2）舆论导向

开展宣传活动。组织开展"仁"文化系列宣传讨论活动，营造舆论氛围，使学生了解"仁"文化的内容、意义和要求。利用升旗仪式发动号召，利用周末素质大讲堂开展系列讲座，利用主题班会和团日活动组织开展学习和讨论。

编写文化读本。阅读对培育青少年的人文精神、优良品德和良好行为习惯将会产生积极、深远的影响。自编诗词读本，组织学生开展的经典文化诵读活动已成为一大特色，学生受益匪浅。

借力信息平台。随着网络科技的发展，手机和网络影响着人们生活的方方面面。进行"仁"文化教育，借助手机和网络传播"仁"文化，收效明显，如群发手机信息、开通微信公众账号、组建QQ交流群、建设专题网站等。与移动、电信、联通等多家通信运营商校园厅的合作关系，定期向全校学生手机发送一条"仁"文化教育信息。

（3）课程渗透

课程内容与"仁"文化融合。课程教学是"仁"文化教育的重要渠道，教师在德育课、语文课、心理健康课等课程中，将"仁"文化自然贴切地引入教材、引入课堂、植入学生头脑，激发学生对仁爱的认识，引导和培养学生爱人、爱自然、爱社会的情感。引导学生思考所学专业知识和技能的社会价值和伦理道德取向，让学生自省，自觉提升自己的精神境界，不断超越自我。

（4）活动领悟

开展校园文化活动。组织"仁"文化社团、文化沙龙等；开展"仁"文化主题演讲比赛、书画比赛、征文比赛、手抄报比赛、知识竞赛等。结合丰富多彩的校园文化活动开展"仁"文化教育，吸引学生积极主动参与，引导学生在活动中逐渐领悟"仁"文化的内涵。

开展专业展示活动。如烹饪专业学生开发"仁"文化主题菜肴，旅游专业学生策划主题旅游路线，计算机专业学生进行主题网页制作，动漫专业学生进行主题漫画创作，美术专业学生进行主题剪纸创作等。结合学生所学专业，将"仁"文化教育融入专业展示中，一举两得。

（5）实践体验

鼓励和引导学生在仁爱实践中体验爱的情感，内化仁爱意识，体会助人的快乐、爱助的温暖，培养创造爱的能力。志愿者协会在学校的大力支持和正确引导下，长期开展"学习雷锋，德润校园"的实践活动。志愿者依托专业技能，走上街头、走进社区、走进福利院、走进聋哑学校，各展神通："小红帽"时常活跃在街道的十字路口，协管交通，争做文明人，争创文明城；定期为社区清洁卫生，绿化家园；在街道进行普法宣传、营养咨询活动；烹饪专业的"小红帽"经常为社区、福利院老人们送去自己制作的点心和烹制的可口佳肴；美容美发专业的"小红帽"长期为老人们修理发鬓、修剪指甲；工艺美术专业的"小红帽"不间断为孤儿院、特殊学校孩子们带去亲手制作的剪纸和泥塑，带着他们一起唱歌跳舞做游戏。一个又一个的"小红帽"助人为乐，无私奉献，积小善成大爱，融化为心灵深处对他人、对家庭、对集体、对社会的一份深沉的爱。

2. 家校联合，形成学校与家庭教育合力

家庭教育在孩子成长中起着至关重要的作用，促使家长形成共识，共同参与"仁"文化教育，收到了事半功倍的效果。

加强宣传，统一认识。学校通过召开家长会、举行家庭教育专家报告会、发放资料等多种途径，让家长认识到"仁"文化教育对于学生成人成才的重要意义，认识到家庭教育在"仁"文化教育中的重要作用。

加强修养，言传身教。父母的一言一行，会在子女上的心灵上烙下深刻的印记，父母对待人和事的评价标准也往往被子女作为自己判断是非的依据。因此，家长必须自觉加强修养，严于律己，以身作则。凡是要求学生做到的，倡导老师率先垂范，然后要求家长也积极参与，给学生树立榜样，言传身教。

3. 挖掘资源，发挥社会正能量的教育作用

（1）开展"社会讲堂"活动

学校应发挥社会资源的教育作用，弘扬社会主旋律，传播社会正能量。"感动中国人物"、"最美乡村教师"、"最美孝心少年"，以及社会上涌现

出来的好人好事，都是"仁"文化教育的重要社会资源。注重当地社会资源的教育作用，把"红马甲义工"、"广电爱心车队"等学生身边的鲜活榜样请进学校，开展"社会讲堂"活动。他们的事迹泛了学生的心灵，在学生的心田播种下了仁爱的种子。

（2）开展"社校联建"活动

学校积极创造各种条件，加强与社会的联系，联合共建，共同开展仁爱活动，对于学生"仁"文化教育起着不可或缺的作用。与社区、企业联建，与敬老院、儿童福利院、聋哑特殊学校结对，弘扬仁爱精神，常年开展社会服务，为广大群众免费提供菜品加工、家电维修、理疗按摩、足部保健、美容化妆、清扫清洁等服务，为人们带去精湛的技艺、良好的服务、诚挚的微笑、贴心的关爱，赢得了社会的赞誉。

4．自我教育，发挥学生的主体地位作用

一切外化的仁爱教育模式要完全为青少年学生所接受，并自觉内化为自我的仁爱行动才是成功的教育。因此，"仁"文化教育也必须充分发挥青少年学生的主观能动性，让他们在学习和活动中真正理解"仁"文化的内涵与意义，自觉升华思想，从而主动践履。注重发挥学生的主体地位作用，各种"仁"文化教育活动以学生为主体而组织和开展，学生既是活动组织者，也是活动参与者；既是教育者，也是被教育者。"感动校园学生"评选、"仁爱之星"评选，有效促使了学生自我的行动。

第三章

课程建设篇

第一节　伟大抗疫精神融入高校思政课的价值意蕴与实施路径

第二节　对新时代劳模精神融入高职院校思想政治教育的思考

第三节　五年制高职烹饪专业思政课实效性探索

第四节　职业学校时事教育的现状调查与分析

第一节 伟大抗疫精神融入高校思政课的价值意蕴与实施路径

新冠肺炎疫情发生以来,在党中央集中统一领导下,全国上下万众一心、攻坚克难,现已取得抗击新冠肺炎疫情斗争重大战略成果。在抗击新冠肺炎疫情的斗争中,孕育并诞生了伟大抗疫精神。"在这场同严重疫情的殊死较量中,中国人民和中华民族以敢于斗争、敢于胜利的大无畏气概,铸就了生命至上、举国同心、舍生忘死、尊重科学、命运与共的伟大抗疫精神。"[①]伟大抗疫精神是新时代中国精神的生动体现,为高校思政课提供了最鲜活的教材。

一、伟大抗疫精神的丰富内涵

(一)生命至上

我国自古就有"天地之性人为贵"的民本理念,具有尊重生命、敬畏生命的仁爱传统。从革命战争年代到建设中国特色社会主义的新时代,中国共产党始终将全心全意为人民服务作为党的根本宗旨。"为了保护人民生命安全,我们什么都可以豁得出来!"[②]本着珍惜生命、爱护生命、尊重生命的价值追求,中国人民在抗击新冠肺炎疫情的过程中创造了一个又一个的生命奇迹,人的生命、人的价值、人的尊严得到悉心呵护。

(二)举国同心

一方有难、八方支援。中华民族具有在灾难面前互帮互助、共渡难关的传统美德。在抗击疫情的斗争中,"要广泛发动和依靠群众,同心同德、众志成城,坚决打赢疫情防控的人民战争"。[③]疫情防控,没有旁观者,没有局外人,每个中国人都是疫情防控责任链上的一环。广大群众有人出人、有力出力,在湖北疫情防控的关键时期,"一省包一市",全国上下心往一处想、劲

[①] 习近平.在全国抗击新冠肺炎疫情表彰大会上的讲话[N].人民日报,2020-09-09,(02版).
[②] 习近平.在全国抗击新冠肺炎疫情表彰大会上的讲话[N].人民日报,2020-09-09,(02版).
[③] 习近平.在北京调研指导新型冠状病毒肺炎疫情防控工作时的讲话[N].人民日报,2020-02-11(01版)

往一处使、众志成城、守望相助，共筑抗疫命运共同体。

（三）舍生忘死

中华民族自古就有"心有大我、至诚报国"的爱国主义精神和"摩顶放踵，利天下为之"的奉献精神。"中华民族能够经历无数灾厄仍不断发展壮大，从来都不是因为有救世主，而是因为在大灾大难前有千千万万个普通人挺身而出、慷慨前行！"①在这场艰苦卓绝的抗疫斗争中，全国人民顾全大局，自觉融入全国抗疫一盘棋，将爱国之情化为识大体、顾大局、讲奉献的实际行动，充分彰显了新时代爱国奉献精神。

（四）尊重科学

中华优秀传统文化历来倡导"考真求实"的求真务实精神。"最终战胜疫情，关键要靠科技"。②疫情防控阻击战打响后，广大科研工作者在病毒检测、临床救治、药物、疫苗及装备研发等重要领域加快推进科研攻关，为不断完善诊疗方案提供技术支撑。各级防控主体运用科学知识和科技手段精准掌握疫情、判断形势、制订措施、有效防控。这种勇于探索、严谨求实的科学精神为我们打赢疫情防控阻击战注入了强大支撑力量。

（五）命运与共

中华传统文化向来主张天下一家、世界大同。"面对突如其来的严重疫情，中国同世界各国携手合作、共克时艰，为全球抗疫贡献了智慧和力量。"③中国以巨大牺牲得来抗疫斗争的积极成效，为世界各国抗击新冠肺炎疫情争取了宝贵时间，提供了中国经验、中国智慧、中国方案，对世界上其他国家的抗疫斗争给予了人员、技术、物资等方面的支持和帮助，展现了中国作为负责任大国的担当，生动践行了构建人类命运共同体的庄严承诺。

二、伟大抗疫精神融入高校思政课的价值意蕴

（一）落实立德树人根本任务的使命要求

---

① 习近平. 在全国抗击新冠肺炎疫情表彰大会上的讲话［N］. 人民日报，2020-09-09，（02版）.
② 习近平. 在北京考察新冠肺炎防控科研攻关工作时的讲话［N］. 人民日报，2020-03-03（02版）.
③ 习近平. 在全国抗击新冠肺炎疫情表彰大会上的讲话［N］. 人民日报，2020-09-09，（02版）.

高校肩负着培养德智体美劳全面发展的社会主义建设者和接班人的伟大历史使命。"青少年阶段是人生的'拔节孕穗期',这一时期心智逐渐健全,思维进入最活跃状态,最需要精心引导和栽培。""思政课是落实立德树人根本任务的关键课程,思政课作用不可替代,思政课教师队伍责任重大。"①高校思政课要牢牢把握立德树人这个根本任务,深入挖掘疫情阻击战中所蕴含的鲜活资源和思政元素,将全民"战疫"过程中的人和事变为鲜活的教学案例,把在疫情阻击战中形成的抗疫精神全面有效融入到思政课教学之中,讲好抗疫故事,弘扬抗疫精神,充分发挥思政课在落实高校立德树人根本任务中的关键课程作用。

(二)提升思政课堂教学实效的现实需要

全国高校思想政治工作,要"做好高校思想政治工作,要因事而化、因时而进、因势而新。"②高校思政课是对青年学生进行思想政治教育的主渠道。高校思政课只有融入鲜活的社会现实,才能与时代同频共振。思想政治理论课不仅要有思想性、理论性,也要有亲和力和针对性,这是提升思政课实效性的关键因素。为此,思政课必须要强化三贴近,即贴近学生、贴近生活、贴近实际,要将现实生活学生身边的鲜活案例引入到思政课堂,因事而化,提升以案说法的能力。中国抗疫故事中所展现的伟大抗疫精神为高校思政课提供了鲜活生动的素材支撑。高校思政课要紧扣时代脉搏,积极把全国人民抗击疫情的精神意志、感人事迹融入教学,传播抗疫斗争正能量,弘扬伟大抗疫精神,激发青年学生的爱国热情、增强社会责任感、培养规范意识,使思政课更加生动有效、贴近实际生活。

(三)引领青年学生奋发有为的重要契机

"青年兴则国家兴,青年强则国家强。青年一代有理想、有本领、有担当,国家就有前途,民族就有希望。"③在这场抗击疫情的斗争中,无论是在前线,还是在后方,年轻的面孔、青春的身影总是让我们深深感动。"广大青年用行动证明,新时代的中国青年是好样的,是堪当大任的!"④高校思政课

---

① 习近平.思政课是落实立德树人根本任务的关键课程[J].求是,2020(17).
② 习近平.在全国高校思想政治工作会议上的讲话[N].人民日报,2016-12-09(01版).
③ 习近平.在中央全面依法治国委员会第三次会议上的讲话[N].人民日报,2020-02-06(01版).
④ 习近平.决胜全面建成小康社会夺取新时代中国特色社会主义伟大胜利——在中国共产党第十九次全国代表大会上的报告[M].北京:人民出版社,2017.

要充分运用伟大抗疫精神，阐明时代新人的历史使命，展示青年榜样的蓬勃力量，引领青年学生感悟家国情怀，与新时代同频共振，激发青年学生奋发有为、只争朝夕、不负韶华，汇聚起实现民族复兴的时代伟力。

三、伟大抗疫精神融入高校思政课的实施路径

（一）提高政治站位，做到"三个强化"

1. 强化青年学生理想信念的铸造

政治性是思想政治理论课的关键，决定着思政课的方向，"讲政治"是思政课的首要和根本要求。高校思政课要提高站位，确保课程的理论深度和思想深度，凸显课程的方向性、旗帜性和引领性。高校思政课要透过伟大抗疫精神，向青年学生展示中国特色社会主义制度的优势，增强"四个意识"、坚定"四个自信"、做到"两个维护"，教育引导青年学生进一步坚定疫情防控必胜信心，坚决把思想和行动统一到党中央决策部署上来，在疫情大考中坚定理想信念。

2. 强化青年学生价值观念的引领

在这场抗击疫情斗争中，涌现了一大批典型人物和先进事迹，孕育了伟大抗疫精神。伟大抗疫精神赋予中国精神新的内涵和时代价值，是中华优秀传统文化、革命文化和社会主义先进文化的集中反映，是培育和践行社会主义核心价值观的鲜活教材。高校思政课要把讲好中国抗疫故事、阐释好伟大抗疫精神作为培育和践行社会主义核心价值观的重要抓手和有效途径，教育引导青年学生传承中华民族美德、涵养学生家国情怀、弘扬伟大抗疫精神，激发青年学生为中国特色社会主义建设事业贡献自己的力量。

3. 强化青年学生辨识能力的提升

在抗击疫情的道路上，总会出现困难、风险、挑战，杂音、噪音、谣言就会乘虚而入，诸多声音很容易混淆青年学生的视听，动摇他们的信念，冲破青年学生的思想防线。"思想防线被攻破了，其他防线就很难守住。"[①]高校思政课一定要把握好这次绝好的教育契机，及时回应学生关切，回答疫情防控期间各种谣言、错误信息，引导教育青年学生提升辨识能力，不传谣、不信谣，遵守规则，保持理性，分清是非，牢牢守住思想防线。

---

① 习近平.在全国宣传思想工作会议上的讲话[N].人民日报，2013-08-21（01）.

（二）优化教学内容，做到"三个讲好"

1. 讲好中国的抗疫故事

高校思政课要以疫情防控和抗疫故事为切入点，将抗击疫情过程中发生的感人事迹、模范人物融入教学内容，对抗疫故事中所内含的精神价值进行挖掘和凝练，突显思想性、现实性、针对性，有理、有据、有情、有趣地讲好抗击疫情故事，弘扬伟大抗疫精神，教育引导学生在对现实问题的深入思考中确立正确的人生观与价值观。

2. 讲好中国的制度优势

此次新冠肺炎疫情防控是对我国治理体系和治理能力的一次大考。在这场疫情大考中，以党中央纵览全局、运筹帷幄，构建全面动员、全面部署、全面加强疫情防控的战略总格局，在较短的时间内取得了抗疫斗争的积极成效，充分彰显了中国特色社会主义制度的优势。高校思政课要理直气壮地学习宣传防控疫情期间党的路线、方针、政策，通过中外对比，讲清、讲透中国特色社会制度所具有的党的集中统一领导、集中力量办大事、人民利益至上、高效社会动员等优势，增强青年学生对中国特色社会主义制度的高度认同。

3. 讲好中国的大国担当

病毒无国界，疫情是我们的共同敌人，没有哪个国家能置身事外、独善其身。在这场抗击新冠肺炎疫情的过程中，我国持续开展紧急人道主义行动，向全世界充分展示了负责任大国形象，生动诠释了为世界谋大同、推动构建人类命运共同体的大国担当。高校思政课要坚持国际视野，从"同一世界同场考验，两种应对两种结果"的国际比较中引领学生树立人类命运共同体思想，增强学生对中国道路的理性认同。

（三）探索多元方式，做到"三个结合"

1. 课程与专题相结合

加强课程建设。高校要及时将伟大抗疫精神融入"思想道德修养与法律基础""毛泽东思想和中国特色社会主义理论体系概论"等必修课程，提高思政课程的时代性、感染力和实效性，充分发挥思政课程在思想政治教育中的主渠道作用。同时，也要将伟大抗疫精神有机融入其他各类课程，要推动思政课程与课程思政同向同行，充分发挥所有课程的育人功能。

要开展专题教育。伟大抗疫精神内涵丰富,包括爱国奉献、忠诚担当、团结互助、科学法治等精神底色,是激励我们取得抗击疫情胜利的强大精神武器。高校可围绕爱国主义教育、理想信念教育、生命健康教育、法治道德教育、生态文明教育等开展专题教育。通过专题教育,讲好中国抗疫故事,弘扬伟大抗疫精神。

2. 理论与实践相结合

要增强思政课的理论性。理论性是思政课的基本属性。思政课的内容涵盖马克思主义哲学、马克思主义政治经济学、科学社会主义等,囊括马克思主义中国化理论成果等一系列重大理论问题。弘扬伟大抗疫精神,不是简单地讲好抗疫故事,更要通过抗疫故事讲清道理,在故事的叙述中,讲清讲明以人民为中心的理念、社会主义核心价值观的丰富内涵、中国特色社会主义制度的优势、人与自然和谐共生的理性思考、青年学生的责任与担当等重要理论问题,促进学生从根本上把握马克思主义理论、中国特色社会主义理论的内核内容和丰富内涵。

要突出思政课的实践性。思政课并不单纯讲理论,它还具有突出的实践精神。思政课要给学生提供更多自主研究、广泛实践、深度锻炼的机会。如组织学生参加弘扬伟大抗疫精神的主题演讲、主题征文和社会实践活动,鼓励学生收集家乡"抗疫"事迹和身边的英雄人物,指导学生制作抗疫故事微视频等。通过上述实践活动,教育引导青年学生学以致用、奉献社会,让"抗疫"正能量传播得更深更广。

3. 线下与线上相结合

改进线下教学方式。思政课要"提升思想政治教育亲和力和针对性,满足学生成长发展需求和期待。"高校思政课在弘扬伟大抗疫精神时,要紧扣学生需求和期待,体现时代性、把握规律性、讲求时效性,多采用对话式、讲演式、研讨式、案例式、体验式、参与式等教学方式,让内容实起来、师生动起来、课堂活起来。

凸显线上教学优势。在抗击新冠肺炎疫情的过程中,全国教育系统实行"停课不停教、停课不停学",为高校思政课探索线上教学提供了重要契机,积累了丰富经验。高校思政课可继续利用超星学习通、中国大学MOOC、蓝墨云班课、腾讯QQ、智慧树、钉钉等教学平台,充分发挥互联网、移动媒体、短视频、社交网络等新媒体的优势,将伟大抗疫精神全面融入到线上教学中。

第二节　对新时代劳模精神融入高职院校思想政治教育的思考

劳模精神是在中国共产党领导的中国革命、建设和改革的伟大实践中逐渐形成的中国精神。2013年4月28日，在全国劳动模范代表座谈会中将劳模精神概括为"爱岗敬业、争创一流、艰苦奋斗、勇于创新、淡泊名利、甘于奉献"。[①] 在中国特色社会主义进入新时代的历史条件下，青年大学生肩负着实现中华民族伟大复兴的历史重任，高职院校思想政治教育承担着培养德智体美劳全面发展的社会主义事业建设者和接班人的重大任务。大力弘扬劳模精神，有助于增强高职院校思想政治教育的实效性，为实现中国梦、建设社会主义现代化强国输送高素质人才。

一、劳模精神的时代价值

（一）政治导向价值

劳模精神集中体现了我国工人阶级的先进性。工人阶级是我国的领导阶级，是中国特色社会主义事业的重要依靠力量。劳动模范是工人阶级中的优秀代表，在新民主主义革命、社会主义建设和改革的各个时期都发挥了先锋模范作用。劳模精神是以工人阶级为主体的优秀代表在推动社会进步、国家发展的过程中形成的精神文化成果，充分体现了工人阶级在我国的重要地位和作用，成为推进时代前进的强大动力。

劳模精神集中体现了我国广大人民群众对实现中国特色社会主义伟大事业的高度自信。在中国共产党的领导下，中国人民经过几十年的浴血奋战和艰苦奋斗，终于翻身成了国家的主人，并迎来了实现中华民族伟大复兴的光明前景。在新时代，劳模精神不仅体现了工人阶级和广大劳动群众对社会主义国家主人翁身份的认同，更展现了他们对实现中国特色社会主义伟大事业的高度自信。

---

① 习近平.习近平在同全国劳动模范代表座谈时的讲话［N］.人民日报，2013-04-29（2）.

（二）文化传承价值

劳模精神既传承了中华优秀传统文化，又传承了中国共产党领导中国人民开展伟大革命实践中所形成的革命文化，从而进一步丰富了中国精神的内涵。一方面，劳模精神充分汲取了中华优秀传统文化中的爱国、勤劳、自强、奉献等文化因子，并辩证地将传统文化与价值系统中的良性基因进行创新性变革，实现了中华优秀传统文化的现代性呈现。另一方面，劳模精神也充分汲取了革命文化的自主性、首创性、先进性等文化特质，实现了革命性与时代性的融合，成为社会进步的重要推动力。

劳模精神是社会主义先进文化的生动诠释。在资本主义国家，资本逻辑使得资本主义文化中始终无法克服极端个人主义和拜金主义的弊端。资本家通过无偿占有工人阶级劳动创造的剩余价值而发家致富，资本的逐利性让劳动异化为人的异己力量。唯有在社会主义国家，工人阶级和广大劳动群众是国家的主人，他们通过辛勤劳动、诚实劳动和创造性劳动，让"尊重劳动、崇尚劳动"成为社会风尚，在推进时代发展的同时，也成就了自己的幸福生活，从而大大丰富了社会主义先进文化的内涵。

（三）道德实践价值

劳模精神增强了人民群众劳动观的德育示范功效。劳动是人类社会存在和发展的基础，劳动最光荣、劳动最崇高、劳动最伟大、劳动最美丽。劳模精神继承和发扬了中华民族千百年来崇尚劳动、热爱劳动的优良传统，在全社会奏响"劳动光荣、创造伟大"的时代主旋律。劳模精神所蕴含"辛勤劳动、诚实劳动、创造性劳动"的价值观已经成为广大人民群众普遍认同的价值遵循，引领广大人民群众自觉遵守公民基本道德规范，争做新时代的奋斗者。

劳模精神为社会主义精神文明建设提供了源源不断的正能量。当前社会中存在投机取巧、好大喜功、急于求成等浮躁之风，要扭转这些不良风气，就要大力弘扬劳模精神。劳模精神倡导以辛勤劳动为荣、以好逸恶劳为耻，尊重劳动、尊重知识、尊重人才、尊重创造，是广大人民群众共同的价值追求，必将成为社会主义精神文明建设的强大动力，有力推进中华民族实现伟大复兴。

二、劳模精神融入高职院校思想政治教育的重要性

（一）有助于引导大学生坚定理想信念

当代大学生是中国特色社会主义事业不断发展的生力军，他们朝气蓬勃、好学上进、视野宽广、开放自信，是可爱、可信、可为的一代，但作为改革开放以后成长起来的新生一代，由于受社会不良风气的影响，在他们身上或多或少还存在劳动意识不足、进取意识不够、奉献意识不强等现象。劳模精神强调尊重劳动、崇尚劳动、诚实劳动，倡导恪尽职守、勇于创新、乐于奉献。纵观劳动模范的成长之路，我们不难发现，他们之所以能在平凡的岗位做出不平凡的业绩，源于他们坚定的理想信念和强烈的奉献精神。大力弘扬劳模精神，有助于引导当代大学生以劳动模范为标杆，在劳模精神的指引下，牢牢树立以中华民族伟大复兴为己任的主人翁精神，自觉将个人理想融入中华民族伟大复兴的光辉事业，在本职岗位上尽职尽责、踏实奋进，为实现中华民族伟大复兴做出积极贡献。

（二）有助于引导大学生树立正确的劳动观

随着中国特色社会主义事业的蓬勃发展，广大人民的物质生活条件有了很大改善，但社会观念也随之发生了一些变化。受此影响，当代大学生在一定程度上存在劳动习惯差、不尊重他人的劳动成果、渴望不劳而获等问题。以上问题若不能得到有效解决，不仅会影响大学生成长成才，也不利于国家与社会发展。劳动模范提供的鲜活案例和劳模精神表现的示范张力，对当代大学生具有强烈的震撼作用，有助于激励当代大学生在劳动中奋斗、在劳动中创造、在劳动中成长、在劳动中奉献，在劳动中绽放自己的青春风采，在劳动中成就自己的美好人生。此外，劳模精神所蕴含的爱岗敬业、艰苦奋斗、勇于创新等理念，是矫治大学生错误就业观念、岗位观念的一剂良药，有助于引导大学生树立正确择业观和就业观。

（三）有助于引导大学生提升职业素养

劳模精神包含的敬业、创新、奉献等品质是对职业精神和职业伦理的升华，呈现了新时代高素质劳动者职业素养的发展方向。如制造行业从业者必须

精益求精、不断创新，才能制造出一流产品；会计行业从业者必须将诚实守信作为人生信条，才能创造出一流业绩；等等。因此，在劳模精神的引领下具备良好职业素养是当代大学生成长成才的内在要求。劳动模范是劳动者的楷模，弘扬劳模精神对培养大学生的职业意识、职业品质、职业精神具有积极作用。高职院校将劳模精神融入思想政治教育，有助于引导当代大学生深刻认识劳模精神所蕴含的"爱岗敬业""勇于创新""争创一流""与时俱进"等内涵的巨大影响力，有助于培养当代大学生的职业意识、职业品质、职业精神，有助于高职院校毕业生从大学生到职业人的成功转变。

（四）有助于引导大学生培育践行社会主义核心价值观

劳模精神生动诠释了社会主义核心价值观，是新时代中国特色社会主义事业的宝贵精神财富和强大精神力量。劳模精神与社会主义核心价值观虽然在内涵上有所不同，但两者在精神实质上却高度契合，都已成为中国特色社会主义核心价值体系的重要内容。在文化传承方面，两者都根植于中华民族优秀传统文化和社会主义先进文化的沃土；在道德提升方面，两者在目标定位上具有一致性；在教育导向方面，两者都具有调节情绪、整合力量、增强信心、鼓舞斗志的积极作用；在爱国情感方面，两者都体现了爱国主义情怀。劳模精神为大学生培育践行社会主义核心价值观提供了鲜活素材和有力支撑，有助于引导大学生陶冶情操、追逐理想、提升自我，主动培育践行社会主义核心价值观，自觉为中华民族伟大复兴贡献力量。

三、劳模精神融入高职院校思想政治教育的路径

（一）在高职院校课堂教学中融入劳模精神

课堂教学是高职院校思想政治教育的主渠道。高职院校推进劳模精神进课堂，把劳模精神融入所有课程教学，尤其注重发挥思想政治理论课与其他课程的协同效应，是宣传弘扬劳模精神的主要途径之一。高职院校可邀请劳模走进学校、走进课堂，或在课堂上适当播放有关劳模的视频，让学生近距离感受劳模精神；组织编写有关劳模精神的教学参考资料，通过各类课程教学广泛宣传弘扬劳模精神；编辑出版劳模读物，并在学校图书馆、阅览室、网站等场所广泛传播，用劳模精神引导学生、启迪学生、鼓舞学生；针对专业课程难点或当

代大学生现实思想困惑,邀请劳模进行讲解后制作视频微课程,并通过易班向学生推送。

(二)在校园文化建设中融入劳模精神

校园文化是高职院校开展思想政治教育工作的重要渠道,也是宣传弘扬劳模精神的重要载体。一方面,要注重将劳模文化符号融入校园环境建设之中。充分挖掘劳模校友的先进事迹,注重建设以弘扬劳模精神为主题的校园景观,充分利用劳模展示馆、报刊、广播、校园网络、宣传橱窗等多种渠道,大力宣传劳动模范的先进事迹和优秀品质,使劳模精神融入大学生日常学习生活。另一方面,要注重开展形式多样的劳模精神文化活动。如结合入学教育、五一劳动节、五四青年节等重要节点宣传劳模精神;定期开展"劳模伴我成长"等主题党团日活动;举办"劳模大讲堂""大国工匠进校园"等主题教育活动,邀请劳模到学校做专场报告,现场分享劳模成长故事,当场展示精湛技艺;组织学生开展"劳模伴我成长""我心中的劳模"等主题征文、演讲比赛;指导大学生成立以学习、宣传劳模精神为主题的社团,并在其他社团活动中开展以劳模精神为主题的日常活动。

(三)在网络思政教育中融入劳模精神

进入新时代,网络越来越成为人们日常生活中最重要的活动社交空间之一。当前大学生的学习、生活与新媒体的结合度越来越高,新媒体对大学生成长的影响也越来越大。大学生乐于尝试新鲜事物,学习能力强,微信、微博、易班等新媒体已经融入大学生的日常生活。因此,主动占领大学生的网络阵地是高职院校思想政治教育工作的重要任务。在网络安全和信息化工作中,应做强网上正面宣传,培育积极健康、向上向善的网络文化。[①]劳模精神是进行大学生网络思想政治教育的重要内容,是社会主义先进文化在网络思想政治教育中的重要体现。通过互联网、微博、微信、手机App等新媒体平台,以交流讨论、知识竞赛活动等多种方式,开展线上线下融合、形式活泼多样的宣传教育活动,可以让更多的大学生能够方便、快捷地获得相关信息,不断延伸劳模精神培育的空间,引导大学生争做有理想有本领有担当的时代新人。

---

① 习近平.在践行新发展理念上先行一步让互联网更好造福国家和人民[N].光明日报,2016-4-20(1).

（四）在创新创业教育中融入劳模精神

党的十九大报告提出,"鼓励更多社会主体投身创新创业……建设知识型、技能型、创新型劳动者大军"。① 大学生是未来创新创业的主力军,培育大学生创新创业精神,使之具备创新创业能力,是对新时代大学生提出的新要求,也是高职院校思想政治教育应该遵循的新向度。伟大时代呼唤伟大精神,劳模精神是汇聚创新创业发展的动力源泉,是成就中华民族伟大复兴事业的精神动力。通过弘扬劳模精神,引导大学生重温劳模人物事迹,重审劳模精神内涵,重拾劳模精神记忆,用劳模精神感染、鼓舞大学生不断提升创新创业能力,积极参加创新创业竞赛,主动投身创新创业实践,自觉成为"大众创业、万众创新"的中坚力量。

（五）在学生实践锻炼中融入劳模精神

实践锻炼能够促进大学生将理论与实践相结合,激发大学生的社会责任感,增强大学生对劳模精神的自觉认同。一方面,通过定期举办技能竞赛,增强大学生对劳模精神的理性认识。技能竞赛既是检验大学生技能水平的重要载体,又是宣传学习劳模精神的有效途径。通过技能竞赛的磨炼,教育大学生尊重劳动、崇尚技能、追求卓越,引导大学生学技能、当能手。另一方面,通过社会实践活动培育大学生的劳模精神。积极引导大学生参加社会志愿服务,培养和锻炼大学生的团队合作意识,增进大学生奉献意识;组织大学生到劳模育人实践基地参观学习、专业实践,引导大学生树立"辛勤劳动、诚实劳动、创造性劳动"的理念;组织大学生参加暑期社会实践、企业实践等,引导大学生在实践中学习与践行劳模精神。

第三节 五年制高职烹饪专业思政课实效性探索

当前中国餐饮业已经迎来前所未有的大发展时期。随着国际交往不断增加和餐饮文化活动影响力不断扩大中国厨师的社会地位将空前提高。各类企业

---

① 习近平.决胜全面建成小康社会夺取新时代中国特色社会主义伟大胜利[N].人民日报,2017-10-28(1).

对高职烹饪专业毕业生的技能方面较满意但对不少毕业生的敬业精神、职业操守、职业态度等内在品德较为失望。从职业院校的实际来看一方面高职烹饪专业的学生形象思维突出动手能力较强但部分学生文明素养有所欠缺有的甚至连起码的校规校纪都难以遵守。另一方面不少学生对思政课没有太多兴趣上课睡觉、逃课等现象时有发生。如何在新形势下努力提高高职烹饪专业思政课的实效性是一个值得探讨的话题。本文拟就如何提高高职烹饪专业思政课实效性做一简单探讨。

一、明确高职烹饪专业德育目标

高职烹饪专业是培养适应社会主义现代化建设需要德智体美劳全面发展具有高级烹饪技术的专门人才。根据高职烹饪专业培养目标确立高职烹饪专业德育目标如下。

（一）培养学生高度敬业的精神

厨师从事的工作是加工由生变熟直接入口的产品所以这一行业必须有严格的行业规范必须对食客的健康和生命负责。热爱职业本身就是一种美德。具有自强自立的精神和强烈的职业荣誉感这就是厨德所提倡的敬业精神。

（二）培养学生崇尚科学的态度

崇尚科学是现代厨师必须具备的美德。只有坚持科学的态度潜下心来踏踏实实学习和钻研烹饪理论以及民族餐饮文化才能跟上时代潮流。

（三）培养学生精益求精的习惯

厨艺高超的厨师在技术上总是精益求精。菜肴的精美与否实际上反映了厨师对消费者关爱程度的高低对消费者感情付出的多少。

（四）培养学生敢于创新的理念

意识落后、思维陈旧、技术保守的厨师不能对烹饪进行创造革新往往跟不上时代的步伐。创新在很大程度上取决于超前的思维和先进的理念。不善于观察不喜欢思考就没有创新精神。

（五）培养学生善待他人的心态

高尚的品德应当具有"仁爱"之心心胸要坦荡心态要平和心地要善良。所以厨师的厨德之美还在于老实做人谦逊为人善待他人能够尊重和包容别人。

二、构建科学的高职烹饪专业思政课课程体系

高等职业教育有别于"学科型"的普通高等教育也有别于较低层次的中等专业教育其突出特点是强调教育目标的"职业性"和技术的"高级应用性"强调对受教育者个性能力与全面素质的培养，因而其课程体系的构建须以此教育目标为依据。根据高职教育的特点，结合高职烹饪专业德育目标，烹饪专业思政课程体系的构建要从以下几方面入手。

（一）以"必须、够用、有效"为原则优化烹饪专业思政课程设置

由于目前国家对高职思政课的设置没有统一的标准各高职学校在思政课程设置上随意性很大。高职烹饪专业思政课程设置要以"必须、够用、有效"为原则。可以在一年级上学期开设《职业道德与礼仪规范》下学期开设《法律基础知识》（高职版）；二年级上学期开设《经济与政治基础知识》（高职版）下学期开设《哲学基础知识》（高职版）；三年级上学期开设《心理健康教育》和《安全教育》下学期开设《中国近代史纲》；四年级上学期开设《毛泽东思想和中国特色社会主义理论体系概论》下学期开设《思想道德与法治》和《形势与政策》。

（二）化繁就简整合思政课程资源

根据高职烹饪专业学生的学习基础、能力、特点和需求在注重与烹饪专业就业能力需求相衔接的基础上对课程内容进行以下整合和处理：第一"法律基础知识"突出法律与经济生活、社会和职业的联系，用经济生活案例解释法律。第二，"经济与政治基础知识"部分突出并围绕"社会与经济、社会与政治"这一核心理念，简化基本理论，以分析和研讨基本的经济现象、政治现象为主线，重新构建课程。第三，"哲学基础知识"部分以马克思主义哲学世界观、人生观和价值观为主要内容，帮助学生了解和掌握马克思主义哲学的基本知识和观点。第四，"职业道德与就业创业指导"部分可将职业道德、职业

生涯规划、职业指导、创业教育等内容整合在一起形成以职业生涯规划为主线、以职业道德为基础、以职业指导为重点、以创业教育为补充的课程结构。第五,"心理健康教育"可突出以生涯辅导为主线按主题单元的形式来设计课程。

(三) 注重德育活动课程的设置

在现代社会,无论课程结构怎样调整,期望单一的课程类型满足社会对教育的需求或受教育者的发展需求都是不可能的。所以活动课程存在的合理性是毋庸置疑的。烹饪专业的学生技能意识很强,表现欲也很强。为此,我们要通过丰富多彩的活动课程来让这些学生的健康个性得到张扬,使他们在活动中提升道德素养。例如管理活动课程,学生的生活、卫生、纪律、学习、品德、活动等的全部管理都由全体学生参与;实践活动课程,除了培养技能素质外,也要开展劳动教育和意志品德训练;技能竞赛活动课程,通过技能展示和各种技能比赛,培养学生强烈的集体荣誉感和个人成就感,可以大大增强学生自强自立的信心和决心。

三、改进高职烹饪专业思政课教学方法

检验思政课堂教学效果不是看教师本堂课讲了多少知识,而是学生懂得了多少道理今后能否用这些道理指导自己的行为。高职烹饪专业思政课要改变以往以讲授为主的教学形式,逐步采用适合烹饪专业特点的教学方法。

(一) 加强情感教育

教师的教学过程不仅仅是学生认知能力发展的过程而且也是情感发展的过程。思政课是对学生进行德育教育的重要途径,其最根本目的是让学生学会做人,其核心是完善学生的人格。因此教师在教学过程中要加强情感教育。首先对学生要有爱心。要培养学生高尚的道德情操就要关心学生、热爱学生,这是发挥德育实效的基础。和谐的师生关系对学生道德品质的培养至关重要,正所谓"亲其师信其道"。其次要创设乐学情境。孔子曰:"知之者不如好之者,好之者不如乐之者。"要培养学生学习思政课的兴趣就要让学生对思政课知识有需求感。烹饪专业的学生崇尚技艺,这就要求思政课教师给烹饪专业的学生上课时能旁征博引、生动有趣,要让学生体验到学习的轻松感。

（二）善用生活实例

陶行知先生说过："是生活就是教育没有必要于个体的生活之外再另设一种所谓的道德教育不是生活的就不是教育"[3]。从这个意义上说[4]。个体的日常生因此我们要根据烹饪专业学生特点依据烹饪专业职业素养要求充分挖掘生活中的德育资源从日常学习和生活中摄取各类直观的个案和材料通过学生搜集、提炼、利用德育资源使思政课"来自生活、回归生活"让学生走上讲台理论联系实践使其在倾听、观察、参与、思索与实践中得到正确的体验与感悟促进道德认识的内化在活动中内化职业道德规范生成职业素质提高思政课实效性。

（三）注重师生互动

教学过程是师生交流、沟通的过程。烹饪专业的学生相对好动，表现欲较强。因此在思政课教学中我们要加大讨论课和案例分析课的比例，给学生创造更多表达自己观点的机会。

四、革新高职烹饪专业德育评价方式

唯有建立科学的德育评价模式才能客观、真实、准确地评价学生的思想品德素质，才能提高思政课的实效性。根据烹饪专业的特点和高职烹饪专业德育目标，高职思政课评价方式应注重以下几个方面。

（一）注重对学生知、情、行、意等的综合性评价

思政课老师既要注意记录学生的课堂表现（如发言、讲话、睡觉、做作业等）又要注重考察学生的日常行为（如出勤、拾金不昧、助人为乐等），通过加分或减分的办法引导学生形成自我约束能力和辨别是非的能力，不断提高他们的思想品德修养。

（二）注重将学习成绩和体育运动习惯纳入德育评价内容

对烹饪专业的学生来说，没有强健的体魄和扎实的专业基础知识是不能适应社会需要的。将学习成绩和体育运动习惯的好坏作为德育评价的参考有利于鼓励学生勤奋学习和积极参加体育活动，强健体魄。

（三）注重教育者和被教育者人人都参与德育评价

传统的德育评价往往是思政课教师和班主任的事其他人参与较少。新模式要求教育者和被教育者人人参与相互监督用事实说话公正、准确、客观地评价每位学生。这样既能增强德育工作合力又能提高德育工作实效。

第四节 职业学校时事教育的现状调查与分析

时事教育是职业学校学生思想道德教育工作和德育课教学的重要内容，对于中职学生全面理解党和国家的路线方针政策，了解国内外形势的发展变化，增强分析形势、解读政策的意识，提升综合职业素质和能力具有重要意义。为了解江苏省中职学校时事教育现状，进一步加强和改进中职时事教育工作，课题组选择了江苏省部分中职学校开展了"中职时事教育研究"问卷调查。课题组根据收回的有效问卷，对相关数据进行了搜集、统计、整理、分析，力求展现江苏中职时事教育的真实现状，并以此为依据，探寻提高中职时事教育有效性的科学对策，充分发挥时事教育的作用。

一、问题与方法

课题组在江苏省13个地级市各选择5所学校发放调查问卷。调查问卷分成三类：学校卷、教师卷、学生卷。调查问卷（学校卷）主要内容涵盖管理体制、课程建设、师资队伍、考核评价、特色创新做法与建议五个方面。调查问卷（教师卷）主要内容涵盖教师个人情况、参加培训情况、时事教育教材使用情况、时事课教学情况、对时事教育教学的建议等五个方面。调查问卷（学生卷）涵盖个人情况、时事教育教材使用及评价、时事教育途径、时事教育授课方式、时事教育的作用等五个方面。调查问卷（学校卷）由被调查学校分管教学的校长或教务处领导填写，调查问卷（教师卷）由被调查学校担任时事课教学、德育课教学的教师填写，调查问卷（学生卷）由来自不同专业、不同年级的3～5名学生填写。

本次调查涉及江苏省65所职业学校，涵盖苏南、苏中、苏北，兼顾不同的办学层次、办学规模，注意学校所在地域的合理分布。参与调查的教师达288人，其中年龄在31-50岁的教师占76%，有3年以上时事课教学经历的教师占80%。参与调查的学生达2070人，其中男生占45.4%，女生占54.6%，一年级学生占36%，二年级学生占45%，三年级学生占19%。本次调查问卷回收率和有效回收率均为100%，具有统计意义。

二、结果与分析

（一）时事教育管理

贯彻执行《中共中央宣传部办公厅、教育部办公厅关于加强职业学校形势与政策教育的意见》（以下简称《意见》）情况。《意见》明确要求教育行政部门要充分重视职业学校形势与政策教育工作，切实加强组织领导。调查显示，77%的学校所在市、县（区）没有制定贯彻执行《意见》的具体办法，只有23%的学校所在市、县（区）制定了贯彻执行《意见》的具体办法；74%的学校制定了贯彻执行《意见》的具体措施，26%的学校没有制定贯彻执行《意见》的具体措施。大部分学校所在市、县（区）对时事教育不够重视，但各中职学校都开展了形式多样的时事教育，基本执行了《意见》的要求。主要举措有：（1）加强组织领导。将时事教育工作纳入学校德育工作范畴，并作为常规管理的重要工作来落实。（2）通过德育课开展时事教育。在德育课教学中，通过演讲、课堂讨论等多种形式开展时事教育。（3）组织收看收听国际国内新闻。学校安排教师定期筛选录制时事政治新闻，利用校园广播电视系统，课余时间播放广播和电视新闻，并逐步形成固定时段的校园新闻播报节目。（4）开辟时事阅读课。每周每班安排一次时事政治阅读指导课。班主任对学生的时事政治阅读进行辅导，并利用教育黑板报、班级小报等开设时事政治栏目。（5）开展时事政治学习系列活动。利用班会课、阅读课等指导学生对国内外典型和重大事件发表自己的看法，提高学生时事分析能力。

（二）时事教育管理部门

江苏省中职学校时事教育管理部门以教务处、德育教研组为主，学生处、团委为辅。开展时事教育的牵头部门按占比高低排序，依次为教务处、德育教研组、学生处、团委，分别占35%、27%、26%、12%。直接参与时事教育的职能部门按占比高低排序，依次为德育教研组、教务处、学生处、团委、其他部门，分别占28%、26%、24%、20%、2%。这样的管理方式有利于时事教育活动的开展。82.8%的学生认为，了解、学习时事有利于开拓视野提高素质，能够帮助重新认识自我，明确未来的目标和方向，增加社会经验。

（三）开展时事教育的途径

江苏省中职学校开展时事教育的途径多种多样，其中课程教学占50%，利用学校的宣传阵地开展时事教育（包括宣传栏、电子屏、广播、入党入团仪式、成人仪式）占26%，与学校日常德育实践活动相结合（主要形式有上课、演讲比赛、党训班、主题班会、学生干部培训班等）占24%。学生获取时事知识的途径也是多种多样的，其中26%来源于网络，18%来自源时事教育教材及教辅资料，15%来源于德育课，15%来源于微信、微博等新媒体，14%来源于时事教育课堂，12%来源于报刊广播。

（四）时事教育课程建设

1. 时事教育教学要求或教学标准

调查结果显示，56%的学校有明确的时事教育教学要求或教学标准，但仍有44%的学校无明确的时事教育教学要求或教学标准；47%学校已将时事教育教学课排入课表并执行，但4%的学校排入课表但未能全部执行，49%的学校尚未排入课表；对时事教育不计学分、没有单列学分和无学分的学校高达64%。

2. 时事教育教材使用情况

时事教育是中职学生思想道德教育工作和德育课教学的重要内容，时事教育教学内容的选择要有一定的规范性、权威性，以保证正确的导向性。《意见》明确指出："各地和各职业学校要紧密结合德育课相关教学内容，切实使用好《时事报告》（职教版）。"但在调查中发现，江苏省中职学校对教育部委托中宣部时事报告杂志社编写的《时事报告》（职教版）的使用率不高，近50%的中职学校没有征订《时事报告》（职教版）。在征订《时事报告》（职教版）的学校中，学生对教材的满意度较高，90%的学生认为很好或较好，只有10%的学生认为一般。在没有征订《时事报告》（职教版）的学校，采用所在市、县（区）编制参考教材的占31%，采用自编教材的占39%，采用网络和媒体资料的占30%。但学生对其他类型教材的满意度均不超过50%。

3. 时事教育的主要内容

依据《时事报告》（职教版）进行教学的占14%，结合省情、市情进行教学的占18%，结合最新发生国内外大事进行教学的占26%，就教师所关注熟悉的内容进行教育的占19%，就学生关心的话题进行教学的占23%。总体来看，由于大多数学校没有使用统编的教材，时事教育内容来源及选择的随意性较大。虽然能够很好地保证时事教育具有及时性，但时事教育缺乏系统性。

4. 时事教育的主要形式

调查显示中职时事教育的形式多样，采用课堂讲授的占21%，专题讲座占20%，课堂讨论占17%，实践活动占18%，观看影像资料占24%。从学生的反馈来看，中职学生最喜欢的授课方式是观看音像资料和社会实践，两类合占50%。其他方式依次为课堂讨论、课堂讲授、专题讲座，分别占29%、11%、10%。这表明，中职学生对时事教育有较浓厚的兴趣，但由于形象思维较发达，对直观形式的教育教学活动较感兴趣，对理论教学兴趣不浓。

（五）时事教育师资队伍建设

1. 时事教育师资构成

江苏省中职学校时事教育教学形成了以德育课教师为主，党政管理干部及辅导员为辅的师资队伍，其中德育课教师占73%，党政管理干部及辅导员占25%，其他人员占2%。

2. 时事教育师资培训

江苏省中职学校时事教育师资培训工作较为薄弱，大部分时事教育教师没有参加过相关培训。针对学校的调查结果显示，无定期培训的占81%，有定期培训的占19%；有定期培训的，参加所在市、县（区）举办的时事教育教师培训班的占45%，参加学校开展的时事教育教师培训的占55%。针对教师的调查结果显示，82%的教师没有参加过培训，参加过培训的教师只占18%。在是否学习过《中共中央宣传部办公厅教育部办公厅关于加强职业学校形势与政策教育的意见》这个问题上，自学的占32%，参加过学校组织学习的占35%，没有学习过的占33%。

3. 时事教育教师教研活动

定期开展教研活动是提高教学质量的重要途径之一。从调查结果来看，能否定期开展时事教育教师集体备课等教研活动的占46%,不定期开展集体备课等教研活动的占37%,不开展集体备课等教研活动的占17%。

(六)时事教育考核评价

1. 是否纳入教务评价体系

针对学校的调查显示,同其他课程一样纳入教务评价体系占44%,56%的学校暂未纳入教务评价体系。针对教师的调查显示,已排入课表并执行的占35%;排入课表但未能全部执行的占6%;尚未排入课表的占59%。这表明,江苏省中职学校对时事教育考核评价还不够重视。

2. 考核形式与周期

采用闭卷考试的占17%,开卷考试占33%,日常考勤占30%,无考核要求的占20%。实行学期考核制的占74%,实行学年考核制的占7%,无考核周期的占19%。调查结果表明,江苏省中职学校时事教育考核评价模式仍需改进,应注重考核规范性、主体多元性、形式多样性。

三、对策与建议

(一)健全管理体制,建立协调的工作机制

各级教育行政部门要充分重视中职学校时事教育工作,切实加强组织领导。尽快明确中职学校时事教育的学时、教学要求、考核办法等。有条件的地方可制订开展时事教育的指导意见。各中职学校要充分认识时事教育的重要性,要将时事教育纳入教学计划,并根据本校的特点选定一个管理机构作为开展时事教育工作的主要部门,赋予其相应的权责,负责统一规划和开展时事教育的全盘工作。有条件的学校可成立由分管教学的校领导任组长、教务处和德育教学管理机构的负责人任副组长,其他相关职能部门负责人为成员的时事教育工作领导小组,负责全校时事教育的规划、指导和协调,促进时事教育工作全面有效的实施。时事教育是学校的整体工作,学校教学管理部门、学生管理部门、宣传部门等密切配合,各司其职,形成教育工作的合力。

(二)规范选用辅助教材,加强课程资源建设

开设时事教育是中职学校进行时事教育的重要途径。目前,在德育课程中渗透时事教育是切实可行,也是比较务实的一种举措。在德育课教学中要有针

对性地把时事教育引入课堂教学中。有条件的学校应开设时事教育选修课。由教育部委托中宣部时事报告杂志社编写的《时事报告》（职教版）是教育部推荐使用的时事教育辅助教材。各中职学校应尽量选用《时事报告》（职教版）作为时事教育的辅助教材。由于中职时事教育目前尚无具体的教学大纲和全国通用教材，各校可组织有经验的教师适时地编写教学参考资料，但应保证时事教育内容的规范化、针对性和动态性，力求避免随意性。有条件的学校应组织教师多渠道开发时事教育课程资源。

（三）加强培训、交流，提高时事教育教师素质

任课教师是时事教育的实施者，教师素质的高低是时事教育能否取得成功的重要因素。一是要适当提高时事教育专职教师的比重，并对时事教育教师定期开展培训。二是要加强教师之间的教学交流与研讨，重点是要把握时事教育的基本理论和基本观点，研究学生关注的热点难点问题，不断改进教学方式方法，满足学生需求。三是不断丰富教师的时事知识底蕴，提高教师的资源整合能力，并根据教师专长，实行教学内容相对固定化。

（四）合理安排教学内容，保证教学时间

要根据中职学生的个体需求，遵循"贴近实际、贴近生活、贴近学生"原则，灵活科学安排和组织时事教育内容。一是要讲宏观形势教育与微观形势教育相结合。既要让学生了解国家的大政方针，也要结合本地实际讲省情、市情、校情，对学生进行微观形势教育。二是要将解决思想问题与解决实际问题相统一。要关注学生的个体需要和正当利益，将解决思想问题与解决实际问题结合起来，让学生在明理时受益，在受益中明理。在具体实践中，各中职学校可将时事教育的内容分为当代政治、经济、文化、社会问题、国际关系等专题，每一专题授课教师相对固定，从而确保时事教育质量。同时，要合理安排教学活动，保证时事教育的教学时间。时事教育学习组织方式可由课堂教学、学生自学、教师辅导和定期考查相结合。

（五）拓宽教育渠道，实施全方位育人

时事教育工作不仅在德育课堂，而且贯穿在学生的日常活动中。各中职学校要抓住具有教育意义的时代事件，通过开展各种类型的学生活动，促使时事教育工作与学生工作有机结合。积极开辟第二课堂，通过闭路电视、报刊宣传栏、学校广播、网上教学、社团活动等形式，使学生在生活中方便地获取国际国内形势和党的方针政策信息，让学生在不知不觉中接受正面教育。同时，还应将时事教育与"三下乡""青年志愿者"、参观体验、专题调查等实践活动有机结合起来，使学生在社会实践中接受教育、加强体验，从而提高教学的效果。

（六）健全保障机制，加大督导检查力度

为了保证时事教育工作的顺利开展，中职学校要建立规范有效的资金投入和物质保障制度。时事教育经费要确立科目、列入预算。经费投入的范围，包括教学、管理和日常时事教育活动两部分。教学、管理经费投入包括时事课教学、专职教师的培训提高、社会考察与调研、有关科室的业务条件建设和图书资料购置、德育科研。日常时事教育活动经费投入包括对学生的日常思想教育、假期和课余时间组织的学生社会实践、大型德育活动以及用于学生和德育队伍表彰奖励等所需经费。各中职学校应该保证时事教育的硬件建设经费，确保教育所需设施、设备和活动场所、基地落到实处。各级教育督导部门要加强对中职时事教育的督导检查，形成制度，要将中职学校开展时事教育工作情况作为督导评估学校工作的重要内容，纳入教育部门对中职德育工作年度考核的指标体系，从而改变时事教育有名无实的状况。

第四章

教学改革篇

第一节　思政课教学设计的基本环节

第二节　思政课教学设计创新的着力点

第三节　职业学校思政课实践教学研究述评

第四节　职业学校思政课实践教学现状及对策研究

第五节　"职业道德与法律"课实践教学探索

第一节　思政课教学设计的基本环节

做好职业学校思政课教学设计，必须遵循教育教学规律，从新课程要求出发，把握好教学目标设计、教学内容设计、教学方法设计、教学评价设计四大基本环节。

一、教学目标设计

教学目标是教学设计系列活动的航标，科学合理的教学设计必须以认清课程性质，确立教学目标为始端。确立教学目标，实质是认清课程肩负的任务。职业学校思政课是学校德育工作的主渠道，是各专业学生必修的公共基础课，是学校实施素质教育的重要内容，其主要任务是对学生进行思想政治教育、道德教育、法制教育、职业生涯和职业理想教育以及心理健康教育，提高学生的思想政治素质、职业道德和法律素质，促进学生全面发展和综合职业能力形成。职业学校思政课教学设计以完成这些任务为目标。

从教学目标设立的维度来看，现有职业学院思政课课程标准将过去的"认知、运用"二维目标调整为"认知、情感态度观念、运用"三维目标，增加了"情感态度观念"目标。这样做的目的在于改变过去思政课程注重知识讲授的倾向，强调培养学生健康向上的情感和态度，使学生在获得知识和发展能力的同时形成正确的价值观。"认知、情感态度观念、运用"三维目标是一个完整的、协调的、相互联系的整体，它们之间相互制约、相互渗透而又相互依赖。在思政课教学中，不能完成了一维目标再落实另一维目标，而是要注重三维目标的整体性和协调性。因此，思政课教学目标设计不仅包括对基本概念、原理、方法的预期，还包括对利用基本概念、原理、方法分析问题能力的预期，以及对树立正确的世界观、人生观、价值观，养成良好品德的预期。只有全面实现"认知、情感态度观念、运用"三维目标，才能更有效地造就人才。

二、教学内容设计

教学内容的选择是教学设计的中心环节,是提高教学实效的关键。思政课改新方案规定,职业学校思政课由必修课和选修课两部分构成,必修课包括"职业生涯设计""职业道德与法律""经济政治与社会""哲学与人生"四门课程,选修课明确开设"心理健康"课程。从内容上看,思政课教材进一步体现了"贴近实际、贴近生活、贴近学生"的原则,突出了社会主义核心价值观教育,突出了职业教育的特点,加强了职业理想教育、职业道德教育、职业纪律和法制教育、择业和创业教育、心理健康教育。可以说,新教材无论是体系还是内容都很适当。但教材毕竟是静态的、相对稳定的,而社会生活则是动态的、不断变化的。这就要求思政课教师在进行教学内容设计时,必须根据实际需要,灵活地、有创造性地对教材进行"二次开发"。思政课教学内容设计应注意以下几点。

(一)遵循职校生思想发展的规律,有针对性地选择教学内容

职业学校学生多为中考失利者,在传统观念的影响下,他们背负着来自社会、家庭鄙薄职业教育的精神压力。此外,由于职校生家庭状况、学习条件、社会背景不同,人际交往范围和内容各异,身心成熟状况、社会实践经验、文化知识素质参差不齐,导致其思想政治观念也呈现出不同的特点。这就要求思政课教师必须根据职校生思想发展的特点,有针对性地选择教学内容。教学内容要精、要管用,要能切实解决职校生所面临的实际问题,从而体现思政课教学的针对性、实效性。

(二)及时传递最新理论成果,选择具有时代气息的教学内容

思政课教学内容只有与时俱进,不断吸收融合理论创新的最新成果,才能及时反映党中央、国务院的新精神、新要求,确保德育的方向性和时代感;只有与现实社会的经济、政治、文化的实际联系更加密切,与当下各种社会现象联系更加密切,与学生面临的实际问题联系更加密切,才更有活力和吸引力。因此,思政课教师应积极开发校园德育资源,广泛收集优秀学生和成才典型的先进事迹以及社会上丰富多彩的政治经济和文化生活中的素材特别是社会的新发展、改革开放的新成果和实践中产生的新知识、新观点、新事物、新典型等充实教学内容。

（三）精心准备授课教案，高屋建瓴地选择和把握教学资料

备好课是教学内容组织的重要实施过程，是决定教学成败的关键。职校生没有升学压力，文化知识基础相对薄弱，行为习惯相对较差。这就要求思政课教师在备课时，一方面要认真钻研、领会教材，结合职校生实际大胆地对教材内容进行处理，由繁到简，化难为易，努力挖掘学生创新的知识点、思维点，着力于激发学生学习的兴趣；另一方面绝不能片面注重知识传授，而应把培养学生健全人格放在突出的地位。

三、教学方法设计

教学方法作为教师从事教学工作的工具和手段，对于实现教学目标，提高教学实效有着重要意义。教学方法本身无所谓优劣、好坏，只有适当。职业学校学生有自己的特点，职业教育教学有自己的规律。思政课教学应依据这些特点和规律，改进教学方式方法，增强思政课的吸引力。在进行教学方法设计时不能一味地追求"标新立异"，而应根据职校生的知识水平、年龄特征、经济社会发展状况、所学专业特点、具体教学内容，遵循学生的认知规律和思想品德形成发展的规律，选择适当的教学方法。思政课教学可以采用以下教学方法：

（一）课堂讲授法

课堂讲授法能够保证授课的系统性，便于实现知识教学的要求，是一般学科和思政课程常用的教学方法。思政课教师在运用讲授法时，应坚持启发式，废止注入式，课前要认真了解学生知识水平和存在的各种问题，讲授时要有逻辑性，表述清楚、语言生动，并注意将讲授法与其他教学方法交替使用，使讲授法与其他教学方法相得益彰，从而提高思政课教学效果。

（二）案例教学法

案例教学法是教师根据课程教学目标和教学内容的需要，通过设置一个具体的教学案例，引导学生参与分析、讨论，让学生在具体的问题情境中积极思考探索，以培养学生分析问题、解决问题的能力及创新能力。案例教学法是比较适合思政课教学的一种教学方法。思政课教师在选择教学案例时，应注意案例的真实性、典型性、教育性和趣味性。

（三）活动教学法

思政课教师可以根据课程的内容，充分挖掘教育主题中的情感因素，创设活动情境，巧妙安排演讲、辩论、故事会、知识竞赛、课本剧表演等活动，激发学生学习兴趣，在活动中培养学生综合能力，促进学生良好行为习惯的养成。在运用活动教学法时，应当注意课前有活动方案，课中有组织管理，课后有反馈评价。

（四）讨论教学法

与其他学科相比，思政课更需要师生互动交流，讨论教学法则适应了这种需要。采用讨论教学法的具体做法多种多样。有的是全班讨论，有的是小组讨论，有的是辩论，有的是谈话。至于采取何种具体方式，则要根据教学内容、教师和学生准备的情况、班级特点等条件而确定。在运用讨论教学法时，应事先选好讨论的题目，讨论中要发扬教学民主，要善于做讨论总结，要防止放任自流或形式主义。

（五）实践教学法

思政课程的实践性教学，是学生投身社会，改造客观世界，发展主观认识，在实践中感悟、学习的一种学科教学方法，其主要形式有参观学习、社会调查志愿者服务等通过实践性教学往往能够解决许多课堂上无法解决的问题，使课堂教学空间得到拓展，使教学内容更加丰富，使学生中存在的某些疑虑得到较好的解决。在运用实践教学法时，应围绕课程教学的重点、难点和热点，针对职校生的思想实际，开展多种形式的实践活动。

四、教学评价设计

教学评价作为整个教学过程的有机组成部分，对于促进学生和教师的主体发展，全面提高教育教学质量有着重要作用。教学评价的目的在于了解教学目标是否达到、教学方法是否有效。通过教学评价，可以让学生了解自己的学习水平，反思学习方法是否科学有效，以便发扬成绩、找到差距、明确方向；也可以让教师透过教学效果反思自己的教，以便发扬优点，改正不足，及时调整和改进教学。思政课教学评价设计应注意以下两点：

（一）教学评价应遵循四大原则

①客观、公正；②激励学生进步和教学方法的创新；③总结性评价、形成性评价与诊断性评价相结合；④全面评价，即对学生从知、信、行三个维度予以评价，尤其重视评价学生运用知识解决问题的能力、日常行为表现和良好习惯的养成，既评价学生的学又评价教师的教。

（二）教学评价的主体、方法和内容应多元化、多样化

1. 评价主体

评价主体应包括教师、学生、家长和社会实践单位的相关人员。

2. 评价方法

按照实施阶段的不同，思政课教学评价可以分为总结性评价、形成性评价、诊断性评价三种类型。总结性评价是教学活动结束后，采用实效评价标准，对教学活动的最终成效进行评价；形成性评价是在教学活动过程中，采用过程评价标准对教学活动进行的评价；诊断性评价是采用要素评价标准，对教学活动的各种构成要素进行评价。按照评价对象的不同，思政课教学评价可以分为评价学生的学和评价教师的教两种类型。评价学生的学，应包括教师对学生的评价考核、学生的自评互评、家庭和社会的评价等。评价教师的教，应包括听取学生反映、教师自我反思、征求其他教师意见、教学督导评价等。

3. 评价内容

教师对学生的评价考核，应包括日常表现评价、学习成果鉴定、纸笔测验、学期评语等。学生的自评互评，应包括学生的自我反思、收获和进步的总结、学生之间的互评等。评价教师的教，应包括教师对课程定位的把握、教学原则的贯彻、教学内容的理解、教学资源的开发、教学方法的选择和运用、教学过程的驾驭，以及学生积极性是否调动起来教学效果是否良好等。

第二节 思政课教学设计创新的着力点

思政课课程改革是提高职业教育质量的重要内容，也是一项系统工程。只有广大思政课教师积极参与到改革之中，才能真正实现职业教育的质量目标。

为此，思政课教师必须深入开展教学研究，不断创新教学设计，以增强思政课教学的针对性、实效性、感染力和吸引力。

一、方法创新

正确的方式方法是落实思政课实践教学任务，并使其取得实效的基本保证。思政课教师要从学生的实际出发，运用学生需要掌握的基本知识分析社会现象，使学生在学习和运用知识的过程中内化知识、获得体验、培养能力，形成良好的行为习惯。

在理论教学中，思政课教师可根据学生的认知规律和职业教育的特点，针对教学内容，综合运用启发式教学、讨论式教学、案例教学、情景教学、探究式教学、小组合作教学、仿真教学等方法。

在实践教学中，思政课教师可尝试以下形式：一是课堂实践教学，如案例分析、专题讨论、课堂辩论、模拟教学等；二是校园实践教学，如校园文化活动（专题讲座、校园辩论赛、演讲比赛、手抄报制作比赛、征文比赛、校园调查、观看电影或录像等）、社团实践活动（读书协会、青年志愿者协会等）；三是社会实践教学，如参观考察、社会调查、社会服务等。

思政课教学方法创新的关键在于方法选择恰当，切合教学目标要求和教学内容特点，符合学生实际，具有针对性、互动性和有效性，有利于培养学生能力。

二、过程创新

思政课教学设计的过程创新要在教学组织、教学程序、教学评价、板书设计等方面下工夫。

教学组织要从课中向前延伸至课前，向后延伸至课后。课前指导学生开展自主学习，课中组织学生开展合作探究，课后引导学生开展实践体验。

教学程序要突破传统，淡化知识灌输，强调"学中做，做中学"。如"导入新课"可改为"创境激趣"，通过影视、动画、图片、歌曲等激发学生学习热情；"新知传授"可改为"引思明理"或"合作探究"，充分体现师生互动、生生互动；"新知小结"可改为"点拨升华"，通过总结实现学生思想的升华；"作业布置"可改为"体验导行"，布置实践作业，将思政课堂延伸至课外。

教学评价合理、有效。思政课教师要探索适合课程特点的多样化考核评价办法，将理论知识考核、实践考核与日常行为表现考核结合起来，力求全面客观地反映学生的思想道德素质状况。思政课教学评价以过程性评价为主，以终结性评价为辅，可将实践活动、课堂表现、平时作业、考勤等纳入过程性评价范畴。

板书设计要合理、恰当、精确。可将板书分成主板书和副板书，主板书重在梳理各知识点的内在逻辑关系，副板书重在提醒学生注意相关概念。

三、内容创新

思政课教材进一步体现了"贴近实际、贴近生活、贴近学生"的原则，教材无论是体系还是内容都很适当。但教材毕竟是静态的、相对稳定的，而社会生活则是动态的、不断变化的。这就要求思政课教师在进行教学内容设计时，必须根据实际需要，灵活地、有创造性地对教材进行"二次开发"，有效整合多方资源，遵循职校生思想发展的规律，及时传递最新理论成果，做到贴近学生、贴近职业、贴近社会。

思政课教学资源包括教学参考书、教学挂图（投影片）、音像资料、多媒体教学资料、案例选编等文本教学资源和道德楷模、法律专家、德育基地等社会德育资源。思政课教师要根据地域特点、学校情况、专业特点及学生实际，有效整合教学资源。

教学资源整合的关键在于：教学资源呈现的方法要多样；要能增进课程内容与生活及未来职业的联系，拓展学生的学习空间；要有利于促进课程内容在课堂教学中有效展开与动态生成，激活课堂教学，提升学生能力。

四、作业创新

课外作业是课堂教学的延伸，是促进学生认知、能力、情感、行动全面协调发展的重要途径。一些思政课教师对课外作业不太重视，作业的布置仅仅停留在"认知—再现"层面，问题设计简单，有唯一的、确定的标准答案，缺乏一定的探究性和实践性，学生只要将书本的知识要点抄到作业本上就可以了。这样的作业从根本上忽视了社会现实、学生的实际生活和思想水平。

思政课作业设计要注重过程性和开放性，并在优化和提升学生的情感、态度与观念、行为与习惯、分析问题与解决问题的能力等方面下功夫，可尝试实践型作业、研究型作业、分层型作业、合作型作业等。

五、技术创新

多媒体教学是一种现代化的教育手段，也是一种新的教学方法，越来越多地被引入课堂。

思政课课件设计的关键在于：课件界面设计简明，布局合理，色彩协调，美观大方；图片动画准确生动，形象展示教学内容，有助于学生对知识的理解；教学辅助媒体演示时机合理、方法恰当，有助于教学的深化，教学效果好。

第三节 职业学校思政课实践教学研究述评

思政课实践教学是职业学校思政课教学研究的一个主要课题，已引起广大教师和学者的普遍关注，并涌现了一批研究成果。这些成果从多种视角对思政课实践教学的地位与作用、功能与目标、内涵与形式、考核与评价等方面进行了探讨，丰富了思政课教学的理论研究，也为思政课实践教学提供了方法指导。

一、职业学校思政课实践教学研究的主要论题

（一）职业学校思政课实践教学的地位与作用

近年来，思政课效能不尽人意，是我国众多职业学校共同面对的难题。如何增强思政课实效性，逐渐引起广大教师和学者的广泛关注。不少思政课教师和学者呼吁强化职业学校思政课实践教学环节，并从各个角度进行了分析和论证。

1. 职业学校思政课程的教学应突出鲜明的实践性

曾素娟[1]、刘伟[2]、李春姬[3]等一致认为，职业学校思政课程的教学应突出

---

[1] 曾素娟. 德育课实践性教学形式初探 [J]. 中国职业技术教育，2005（10）：48-49.
[2] 刘伟. 中职德育课程的实践活动教学 [J]. 赤峰学院学报，2009（8）：221-222.
[3] 李春姬，陈艳. 浅谈适应新一轮中等职业学校德育课程改革的基本途径 [J]. 延边教育学院学报，2009（2）：59-61.

鲜明的实践性。同时，刘伟还指出职业学校思政课程与其他学科的课程相比具有以下特点：①思政课程的目标在于价值观念的确立、态度的改变以及正确的道德信念和行为方式的形成。②强调对学习主体的尊重。在职业学校思政课程的组织和实施方面，对学习主体的了解和尊重，是思政课程的最根本的特色之一。③在教育内容和教育内容的计划与安排方面，既要诉诸认知的因素，更要通过情感、行动的经验去实现。④在教育活动、尤其是学习活动方式方面，道德实践能力的培养应是重中之重。从以上特点可以看出，职业学校思政课程的教学应突出鲜明的实践性。①

2. 强化职业学校思政课实践教学，是实施素质教育的需要

张慧芳[②]、孙志良[③]、李宇飞[④]、王功义[⑤]等一致认为，强化职业学校思政课实践教学，是实施素质教育的需要。同时，王功义还指出实践教学有利于开阔学生的知识视野，激活学生的创新思维，培养学生的科学精神，发展学生的个性特长，增强学生解决问题与参加社会活动的能力，陶冶学生的道德情操，最大限度地调动学生学习思政课的积极性、主动性和创造性，从而促进学生全面发展。

3. 加强实践教学环节，是增强职业学校思政课实效性的重要方式

曹爱军[⑥]、谢筱杉[⑦]、刘伟[⑧]、王代翠[⑨]等一致认为，加强实践教学环节，是增强职业学校思政课实效性的重要方式。同时，刘伟还提出德育实践活动可以使道德知识"活化"，可以使德育学习的动机得以增强，可以增进德育的自我教育。

总之，德育的本质是实践，德育的理论只有与实践结合起来，才能真正转化为学生良好的行为与习惯。强化思政课实践教学环节，是实施素质教育的需要，也是提高思政课教学针对性和实效性的重要突破口。对此，越来越多的思政课教师和学者认识到了这一点。

---

① [4] 刘伟. 中职德育课程的实践活动教学［J］. 赤峰学院学报，2009（8）：221-222.
② 张慧芳. 浅谈实践教学在政治课中的应用［J］. 湖州职业技术学院学报.2004（3）：50-52.
③ 孙志良. 职业学校政治课的实践教学与素质教育［J］. 职业技术，2006（50）：39.
④ 李宇飞，刘建佳. 加强实践性教学，提高德育课的教学实效［J］. 株洲工学院学报，2002（6）：105-108.
⑤ 王功义. 中等职业学校德育课课外活动设计［J］. 中国德育，2008（8）：64-65.
⑥ 曹爱军. 中职学校德育课实效性研究［D］. 山东师范大学硕士论文，2009年10月12日：24-26.
⑦ 谢筱杉. 试论职业技术学校德育课的实践性教学［J］. 世界职业技术教育，2005（4）：36-38.
⑧ 刘伟. 中职德育课程的实践活动教学［J］. 赤峰学院学报，2009（8）：221-222.
⑨ 王代翠. 中职学校德育实践课探讨［J］. 中国市场，2010（44）：175.

（二）职业学校思政课实践教学的功能与目标

正确认识实践教学的功能与目标，是顺利开展实践教学的关键，它对实践教学内容、实践教学管理和实践教学保障发挥着导向和驱动的作用，直接决定着思政课实践教学活动发挥的水平。广大教师和学者对此问题进行了探讨。

关于思政课实践教学的功能，李宇飞认为实践教学的功能在于激活学生道德思想理论认知，强化学生道德思想理论实践，促进素质教育的有效实施。[①] 吴铎认为，实践教学有利于建立"以学生发展为本"的理念，有利于推进学科教学目标的落实，有助于培养符合社会需要的合格公民，有助于加强思政课程教学的针对性和实效性。[②]

关于思政课实践教学的目标，章学玲认为思政课实践教学目标在于增强学生对社会的责任心和使命感，提升学生的政治觉悟，提高学生分析问题、解决问题的能力，培养学生具有坚强的信念和崇高的品格。[③] 王荣森认为，思政课实践教学在于培养学生参与社会实践活动的自信心，实现以学生发展为本的教育真谛，训练学生自主解释疑问的能力。[④] 刘伟则将思政课实践教学目标分成三个维度：知识目标、能力目标、素质目标。

可见，近年来学界对于职业学校思政课实践教学的功能与目标的认识有所提升，但还不够清晰，尤其在对实践教学的功能的认识和理解上还需进一步探究。

（三）职业学校思政课实践教学的内涵与形式

实践教学是一种基于实践的教育理念和教学活动。与理论教学不同的是，实践教学注重和强调实践性。对此，学界普遍认同。但对于如何认识职业学校思政课实践教学的内涵与形式，目前学界还存在分歧。

1. 职业学校思政课实践教学的内涵

观点一：思政课实践教学是一种体验教育。张慧芳认为，思政课的实践教学就是以马克思主义的实践观为指导，充分调动学生的积极性、主动性和创造性，让学生大胆地尝试和参与教学活动的过程。就是，让学生参与到教学的所

---

① 李宇飞，刘建佳.加强实践性教学，提高德育课的教学实效 [J].株洲工学院学报，2002（6）：105-108.
② 吴铎.德育课程与教学论 [M].杭州：浙江教育出版社，2003：180.
③ 章学玲.在德育课教学中开展实践性活动的思考 [J].科技信息（学术版），2006（3）：90.
④ 王荣森.浅谈中职政治课的实践性教学 [J].科学咨询（教育科研），2009（10）：93.

有环节中来，使他们在教与学的实践中掌握知识、理解知识和运用知识。①

观点二：思政课实践教学是与理论教学相对应的教学方式。李香善认为，思政课实践教学就是通过社会实践、第二课堂、课程设计、科研论文（设计）等以学生为主体的一系列实践性教学环节，巩固学生所学的理论知识，应用理论知识解决实际问题的教学。②

观点三：思政课实践教学就是社会实践活动。吴铎认为，思政课程的实践性教学是指在教师的指导下，有目的、有计划、有组织为学生创设一定的活动情境，走出课堂，走出校园，主动探究、服务社会，并从中汲取丰富知识的客观活动。[11]

2. 职业学校思政课实践教学的形式

观点一：思政课实践教学分为课堂模拟实践性教学和课外实践性教学。谢筱杉认为，思政课的实践教学可分为课堂模拟实践性教学和课外实践性教学两种方式。课堂模拟实践性教学包括案例教学、情景教学、"把讲台让给学生"等方式。课外实践性教学包括参观学习、游览革命胜地、瞻仰历史纪念碑、访问先进典型人物、道德行为训练等社会实践活动，各种演讲比赛、音乐欣赏会、文艺讲评会、英雄模范报告会等。③

观点二：思政课实践教学分为感受型实践教学、体验型实践教学和践行型实践教学。刘伟认为，思政课实践教学分为感受型实践教学、体验型实践教学和践行型实践教学。感受型实践教学是指，让学习者在接触社会中得到具体感受。体验型实践教学是指，让学习者在参与生活中获得直接体验。践行型实践教学是指，引导学习者把道德认知转化为道德行为。④

观点三：思政课实践教学分为校园实践教学和社会实践教学。邓军认为，开展思政课实践教学可从两方面入手：一是以学生校内实践教学活动为载体，搭建德育实践性教学平台。二是把学生推向社会，通过实践教学，对学生进行体验教育。⑤

由此可见，由于视角的不同，学界对于职业学校思政课实践教学的内涵与形式的认识尚未达成共识。

---

① 张慧芳. 浅谈实践教学在政治课中的应用 [J]. 湖州职业技术学院学报. 2004（3）：50-52.
② 李香善. 德育课实践教学中培养学生创新能力的研究 [J]. 教育理论与实践，2008（21）：48-49.
③ 谢筱杉. 试论职业技术学校德育课的实践性教学 [J]. 世界职业技术教育，2005（4）：36-38.
④ 刘伟. 中职德育课程的实践活动教学 [J]. 赤峰学院学报，2009（8）：221-222.
⑤ 邓军. 中职学校德育课实践性教学的探讨 [J]. 中国职业技术教育，2010（21）：85-86.

4．职业学校思政课实践教学的考核与评价

对思政课实践教学进行科学、合理的考核与评价，是思政课实践教学的重要环节。对此，广大教师和学者纷纷表达自己的见解。曾素娟[①]、吴铎[②]、邓军[③]、张解解[④]等一致认为，思政课实践教学的考核与评价应该坚持多元性、实效性和发展性。同时，吴铎提出构建与思政课程教学目标相适应的实践教学评价体系。首先，要确立正确的评价取向。如采用质的评定；关注学生在实践活动中的自我发展；既重视学生在实践活动中的个性化特征，又倡导学生在实践活动中的团队合作；重视过程的评定。其次，要采用合适的评价方式。可采用以下方式：一是主体过程评价方式——即把教师与学生都视为平等的主体，把教师与学生在实践活动运行过程中的全部情况都纳入评价的范围，强调的是质的评价；二是成果展示评价方式——学校在组织社会实践活动之后，将学生写的小结、体会、调查报告、小论文、图文相间的小报等成果，采用多种形式展示；三是等第成绩评价方式——学生参加实践活动后所写的调查报告、小论文等，采用A、B、C、D四等。对实践教学的考核与评价应从两方面入手：一是对学生的考核与评价，二是对教师的考核与评价。从已有研究成果来看，如何对教师进行考核与评价尚未引起学界的足够重视。

二、对深化职业学校思政课实践教学研究的思考

纵观职业学校思政课实践教学的研究成果，主要存在两大问题：一是实践探索得多，理论研究得少。如经验介绍式的成果较多，但对实践教学的目标、内涵、形式、管理、保障、评价等方面的理论研究相对薄弱。二是宏观研究得多，微观研究得少。如在实践教学的形式上都提出了讨论、辩论、参观等，但对这些实践教学如何操作和实施，缺乏细致的研究；在实践教学的考核与评价上都认为要坚持多元性、实效性和发展性原则，但缺少对评价的目标、原则、指标、方法等具体内容的研究与探讨。此外，对于实践教学的思想认识、内容选择、队伍建设、经费保障、基地建设、资源整合、教师工作量计算等均缺乏深入细致的研究。

由于理论研究、微观研究不足，致使思政课实践教学出现了如下的问题：

[①] 曾素娟．德育课实践性教学形式初探［J］．中国职业技术教育，2005（10）：48-49．
[②] 吴铎．德育课程与教学论［M］．杭州：浙江教育出版社，2003：180．
[③] 邓军．中职学校德育课实践性教学的探讨［J］．中国职业技术教育，2010（21）：85-86．
[④] 张解解．职业学校德育课程教学改革与实践初探［J］．出国与就业：就业教育，2010（5）：60-61．

一是对实践教学重视程度不够。由于实践教学没有纳入教学计划，缺少经费支持，实践教学基地严重不足，实践教学组织管理机制不完善，导致思政课实践教学被严重的业余化。二是实践教学水平偏低。部分教师对实践教学的定位不清，导致实践教学与理论教学相脱节。实践教学形式陈旧，仅限于勤工助学、参观考察、社会调研、社区服务等几项常规性的活动。实践教学考核方法缺乏科学性，只考核学生而不考核教师，致使师生对实践教学流于形式，达不到教学目的。

今后，应不断深化对职业学校思政课实践教学的内涵、形式、原则、目标、组织管理、保障体系、考核评价等问题的思考与研究，力争从理论与实践两个层面构建具有中职特色的思政课实践教学体系，唯此才能发挥思政课实践教学应有的功能与作用。

第四节　职业学校思政课实践教学现状及对策研究

为了全面真实地了解江苏省思政课实践教学的现状，进一步推进思政课的实践教学改革，笔者对江苏省职业学校思政课实践教学的现状进行了抽样调查。调查对象为江苏省部分职业学校，共涉及 106 所学校，其中苏北 40 所，苏中 26 所，苏南 40 所。被调查人均为思政课教师，绝大多数是所在学校的思政课骨干教师，其中，男教师 46 人，女教师 60 人，96.2% 的教师的教龄都在 5 年以上，最长教龄为 25 年，平均教龄达 13.5 年。本次调查主要采取问卷调查的方式，辅之电话专访、小型座谈会和个别访谈等形式。共发出问卷 115 份，回收有效问卷 106 份，回收率 92.2%。

一、思政课实践教学的现状

（一）思想认识

1. 学校对思政课改的重视程度

当被问及学校是否重视思政课改时，44.3% 的教师认为"重视"，43.4% 的教师认为"一般"，只有 5.7% 的教师选择"很重视"，还有 6.6% 的教师则认为学校根本不重视思政课改。

2．教师对思政课实践教学的相关政策的了解程度

调查结果显示，所有的思政课教师都会关注思政课程改革的相关内容，其中77%的教师十分关注思政课程改革，但遗憾的是，只有37.7%的教师清楚我国教育主管部门关于加强思政课实践教学的相关规定，多数教师知之甚少。

3．教师对思政课实践教学类型的理解

目前，学界对思政课实践教学类型的理解还存在分歧。我们认为，思政课实践教学分为三种类型：课堂实践教学、校园实践教学、社会实践教学。83%的教师完全赞同我们的观点，11.3%的教师不表态，5.7%的教师不赞同。

4．教师对思政课实践教学与理论教学的关系的认识

73.6%的教师认为思政课实践教学与理论教学同样重要，23.6%的教师认为实践教学更重要。这表明绝大多数教师认为实践教学是思政课不可或缺的组成部分。

5．教师对组织开展思政课实践教学的态度

调查结果表明，所有的教师都认为应当加强思政课实践教学环节，但在开展思政课实践教学的意愿上存在分歧。这说明少数教师对中职学校开展思政课实践教学的可行性心存疑虑。多数教师愿意组织学生开展实践教学的原因依次为：课程本身的需要，学生发展的需要，社会发展的需要，本人愿意组织，学校要求组织。少数教师不愿意组织学生开展实践教学的原因依次是：学校不支持，精力不够，麻烦，辛苦。

（二）教学管理

1．管理机构

参与调查的学校中，没有一所学校设立专门针对思政课实践教学的管理机构。在已经开展实践教学的学校中，半数以上的学校由学生处（德育处）、思政课教师、校团委共同组织，35.8%的学校有德育教研室（教研组）参与，25.5%的学校有教务处的参与。

2．教学计划的制定及实施情况

68.9%的学校将思政课实践教学纳入教学计划，其中53.4%的学校在思政课程的四门必修课中均开展了实践教学，46.6%的学校虽有思政课实践教

学计划，但并没有落实。还有 31.1% 的学校尚未将思政课实践教学纳入教学计划。这表明，多数学校开展思政课实践教学活动的计划性不强，随意性较大。

3．时间安排

半数以上的学校利用课堂时间、课间活动和节假日进行思政课实践教学，少数学校将实践教学安排在晚自习时间。90.6% 的教师认为，实践教学时间应安排在正常教学期间。

4．考核评价

只有 9.4% 的学校制定了比较完善的实践教学考核办法，并认真落实。13.2% 的学校虽然有考核办法，但没有落实。77.4% 的学校根本就没有考核办法。从考核评价的对象来看，仅限于学生。可见，目前，思政课实践教学的考核评价，既不规范，也不科学。

（三）教学保障

1．基地建设

66% 的被调查学校建立实践教学基地。从基地数量上看，大多在 5 个以下，只有 4 所学校的基地在 6～10 个之间。

2．经费保障

80.2% 的学校实践教学经费为零，只有 19.8% 的学校设立了专项经费，且能满足实践教学需要。在设立了实践教学专项经费（即列入学校财务预算的年度经费）的学校当中，71.8% 的学校需要临时申请。

3．工作量核算

仅有 29.2% 的学校将思政课教师组织课外实践教学计入工作量，70.8% 的学校未将思政课教师组织课外实践教学计入工作量。在已核算工作量的学校当中，51.6% 的学校未出台相关规定，有的按照正常学时核算，有的按照出差给予补贴。

4．师资队伍

90.6% 的学校存在思政课专职教师不足的现象，其中 60.4% 的学校需要聘请大量的校外兼职教师。外聘教师的来源主要是在校研究生或退休老教师。

（四）教学水平与效果

1. 教学形式

各校采用的实践教学形式各有不同，主要的形式依次为：观看电影或录像，课堂案例分析（至少一课时），学生社团活动，团队研究性学习与校园主题活动，校园文艺汇演，课堂专题讨论、演讲或辩论（至少一课时），学生课堂模拟教学活动（至少一课时），社会服务，社会调查，课外阅读实践（理论沙龙、读书心得交流等），外出参观与考察。从调查结果看，各校开展思政课实践教学基本上局限在校内。

2. 考核方式

各校采用的实践教学考核方式各有不同，主要的形式依次为：活动总结（活动感受），学习体会，评价学生活动表现，调查报告，小论文。

3. 教学效果

22.6%的教师对自己学校的思政课实践教学效果满意，52.8%的教师觉得不满意，24.5%的教师认为不好评价。大家认为，影响思政课实践教学效果的因素有很多，依次为：校外社会实践经费不足，实践基地不足，实践教学环节时间太短，无具体考核指标，教师指导能力不强，教师对实践教学要求不严，学生不参与。

二、思政课实践教学存在的突出问题

（一）认识不高，重视不够

从学校的层面看，各个中职学校对思政课程的重视程度不如专业课。有的学校领导虽然口头重视，但没有具体落实。思政课实践教学主要依靠教师进行探索，使实践教学活动只能束缚在狭小的课堂中，并存在一定的随意性。由于实践教学没有纳入教学计划，缺少经费支持，实践教学基地严重不足，实践教学组织管理机制不完善，导致思政课实践教学被严重的业余化。

从思政课教师的层面看，多数教师十分关注思政课程改革，但对思政课实践教学的相关政策的关注度不高。大部分教师都认为思政课实践教学与理论教学同样重要，几乎所有的教师都认为应当加强思政课实践教学，但在具体实施中积极性却不高。因为精力不够，学校不支持，再加上开展思政课实践教学比较麻烦，少数教师明确表示不愿意组织开展思政课实践教学活动。

（二）管理不严，保障不力

从教学管理的层面看，各中职学校尚未建立专门的思政课实践教学管理机构，也未明确界定各个相关职能部门在实践教学管理中的权限，导致实践教学管理处于无序的状态。多数学校未将实践教学纳入日常的教学管理范围，没有制定教学规程和实施办法，对实践教学的基本内容、组织形式、考核评价等均未作出明确的规定，致使实践教学的组织实施缺乏可操作的制度依据。

从教学保障的层面看，还有34%的学校没有建立实践教学基地。尽管有66%的学校建立了实践教学基地，但数量普遍偏低。多数学校的思政课实践教学经费为零。近半数学校尚未出台关于课外实践教学工作量核算的相关规定。由于多数学校思政课专职教师存在不足，需要聘请大量校外兼职教师，增加了思政课实践教学的开展难度。

（三）水平不高，效果不好

从教学水平的层面看，开展实践教学活动的计划性不强。各校采用的实践教学形式多样，但大多局限在校内，社会调查、外出参观与考察、社会服务等社会实践教学形式的运用不多。各校采用的实践教学考核方式多样，但创新不够，主要局限于活动总结（活动感受）、学习体会、评价学生活动表现等比较常规的方式。

从教学效果的层面看，多数教师对自己学校的思政课实践教学的效果不满意。影响思政课实践教学效果的因素有很多，其中最主要的原因是经费不足，实践基地不足，实践教学环节时间太短，以及无具体考核指标。此外，教师指导能力不强，教师对实践教学要求不严，学生不参与等，也对思政课实践教学效果产生了不利影响。

三、加强思政课实践教学的对策

（一）提高认识，加强管理

强化实践教学环节，是第三轮职业学校思政课课程改革的重要内容和任务。各级教育主管部门、各中职学校的领导和教师都必须清醒地认识到，实践教学决不是可有可无的，而是思政课教学不可缺少的必要环节和手段。德育的本质是实践，德育的理论只有与实践结合起来，才能真正转化为学生良好的行为与习惯。强化思政课实践教学环节，是实施素质教育的需要，也是提高思政课教学针对性和实效性的重要突破口。

思政课实践教学作为教学的一个重要环节，其良性运行有赖于有效的组织管理系统。教育主管部门应尽快对思政课实践教学的目标、计划、教学任务和要求作出具体、明确的规定，督促各级各类学校具体落实。学校领导应重视思政课实践教学，合理布置教务处、学工处、团委、系科等部门在实践教学活动中的职责。学校管理部门应根据本部门承担的职能，拟定关于实践教学的规章制度。学校各教学单位应积极开展教研活动，制定相应的教学大纲，设计实践教学方案，有序开展实践教学活动。

（二）规划内容，探索方法

坚持理论联系实际，实现知行统一，是思政课教学的根本要求。为此，必须找准理论和实践的最佳结合点，认真规划思政课实践教学的内容。在规划内容时，应以育人为核心，以培养创新精神和实践能力为重点，立足教材，紧贴专业，围绕教学重点、难点及社会热点问题开展多种形式的实践教学活动，有针对性地提高学生的思想认识和觉悟，拓宽学生视野，引导学生正确看待热点问题，增强学生的社会责任感，提升学生的职业素养，培养学生的综合实践能力。

正确的方式方法，是落实思政课实践教学任务，并使其取得实效的基本保证。我们认为，思政课实践教学可采用以下形式：一是课堂实践教学，如案例分析（至少一课时）、专题讨论（至少一课时）、课堂辩论（至少一课时）、模拟教学（至少一课时）等；二是校园实践教学，如校园文化活动（专题讲座、校园辩论赛、演讲比赛、手抄报制作比赛、征文比赛、校园调查、观看电影或录像等）、社团实践活动（读书协会、青年志愿者协会等）；三是社会实践教学，如参观考察、社会调查、社会服务等。

（三）强化保障，科学考核

在思政课教学改革过程中，加强实践教学，创新实践教学模式，关键是要建立一套完整的各方通力合作、密切配合的保障机制，以确保实践教学活动的实施。教育主管部门应给予必要的经费支持，加强对教师的培训与指导，多开展一些讲座、研讨会、交流会，鼓励、支持教师对实践教学问题进行探究。各中职学校应制订实践教学活动的总体规划及必要的规章制度，建立完善的考核评价体系，加强实践基地建设，设立思政课实践教学专项经费，重视对教师的培训，做好思政课实践教学的安保工作，等等。

  为了确保实践教学的效果，根据实践教学的要求，在实践教学中与实践教学后，应对管理部门、教师及学生进行认真的考核。其一，对管理部门的考核。重点考察管理部门在实践教学活动中是否履行了相应的职责，并将考核结果同部门主要负责人的政绩考核挂钩。其二，对教师的考核。要求教师提交与实践教学相关的教学材料，如教学大纲、教学目标、方案设计、学生作品等。其三，对学生的考核。一方面，要坚持过程性评价和终结性评价相结合，既考核过程，也考核结果。另一方面，要坚持自评与他评相结合，既有教师的评价，也有学生自己和同学的评价。

第五节 "职业道德与法律"课实践教学探索

  "职业道德与法律"是职业学校学生必修的一门德育课程。2008年教育部颁布的"职业道德与法律教学大纲"中明确规定："结合教学内容，利用校内外的德育资源，用课堂教学时间或综合实践活动时间，有计划地组织学生开展参观访问、社会调查、志愿服务、旁听审判、模拟法庭等实践活动。"这为德育课教师开展实践教学指明了方向。笔者在教学实践中，从目标定位、选题设计、基本形式、组织实施等方面对"职业道德与法律"课实践教学进行了一些探索。

一、"职业道德与法律"课实践教学的目标定位

  依据中等职业教育人才培养目标及职业道德与法律教学大纲，将"职业道德与法律"课实践教学的总体目标定位为：以育人为核心，以培养创新精神和实践能力为重点，立足教材，紧贴专业，围绕教学重点、难点及社会热点问题开展多种形式的实践教学活动，使学生获得直观、系统的道德和法律知识，树

立正确的人生观、价值观、道德观和法制观，提高学生的思想道德水准与法律意识、法制观念，促进学生全面发展和综合职业能力形成。具体从行为目标、能力目标、素质目标三个维度实现本课程实践教学总目标（以下所涉及的"职业道德与法律"课教学内容均来自人民教育出版社2009年出版的"职业道德与法律"教学用书）。

（一）行为目标

礼仪部分（第一单元）：帮助学生巩固所学的礼仪知识，强化"习礼仪、讲文明"意识，促使学生进一步养成良好的礼仪习惯。

道德部分（第二单元）：帮助学生巩固所学的职业道德知识，感受榜样的力量，强化"恪守职业道德"意识，促使学生进一步养成"我爱岗、我敬业、我诚信、我公道和我奉献"的品质。

法律部分（第三、四、五单元）：让学生感受法律的权威，树立敬畏法律的观念，强化法治意识；让学生认识不良行为及违法犯罪的危害，生活中严格要求自己，用法律规范自己的行为，防微杜渐，避免违法犯罪；帮助学生巩固所学的民事、经济法律知识，提高民事、经济法律意识，促使学生进一步学法、守法、用法、护法。

（二）能力目标

培养学生搜集和处理信息的能力、自主获取新知识的能力、合作探究的能力，特别是综合创新能力和实践运用能力；锻炼学生的组织、交往能力；提高学生观察问题、分析问题的能力。

（三）素质目标

引导学生探究现实生活中的道德和法律问题，让学生在实践中澄清认识，接受正确的思想，摒弃错误的观点，树立社会主义荣辱观和法治意识，提高礼仪素质、职业道德素质和法律素质。

二、"职业道德与法律"课实践教学的选题设计

坚持理论联系实际，实现知行统一，是德育课教学的根本要求。为此，就要根据"职业道德与法律"课的课程内容和特点，结合时代的要求和形势发展

的需要，找准理论和实践的最佳结合点，精心设计实践教学的主题。

（一）围绕课程重难点知识组织实践教学活动

教学重点是一门课程所阐述的最重要的原理、规律，是课程思想或课程特色的集中体现。教学难点是指学生不易理解的知识，或不易掌握的技能技巧。教学重难点是根据教学目标而设定的，在教学实践中，恰当地组织实践活动，是突破教学重难点的一个重要措施。德育课教师应在吃透教学大纲和教材的基础上，根据学生的知识与技能状况、兴趣、需要、思想状况、学习习惯等，确定教学重难点内容，并精心设计一些内容鲜活、形式新颖、趣味性强的实践活动，激发学生的学习热情，做到寓教于乐，使学生在实践活动中思想感情得到熏陶，精神生活得到充实，道德境界得以升华。

（二）围绕学生的专业特点组织实践教学活动

职业学校工学结合的人才培养模式要求一切教学活动以专业为核心，以培养高素质技能型人才为目标。由于专业的差异，学生的思想和行为也存在明显的差别。因此，开展实践教学活动，必须针对学生的不同专业特点，去设计一些能使他们的专业知识的特长得到展示及发挥的选题。与专业特点相结合的选题，有利于调动学生参加实践活动的积极性和主动性，增强德育课实践教学的效果。不过，在选择专业素材上，要防止本末倒置，哗众取宠，不能过分强调专业知识，忽视德育课教学主题。

（三）围绕校内外热点问题组织实践教学活动

所谓社会热点，一般是指在某一时期，在较大的社会范围内引起公众舆论高度关注的某些新闻事件、社会现象、人物等问题。社会热点在时间上和空间上与学生距离比较近、可信度高、感染力强、影响深远。因此，开展实践教学活动不能回避社会热点，相反要让实践教学产生巨大魅力，就要努力寻找适合学生特点和感兴趣的社会热点，引入实践教学过程，通过专题讲座、专题讨论、演讲比赛、观看视频、辩论赛等多种形式，开阔学生的视野，激活学生的思维热情，培养学生分析、解决问题的能力，提高学生的思想政治素养，增强学生的社会责任感和使命感。在围绕校内外热点问题组织实践教学活动中，要注意以下四个问题：一是所选素材必须为教学内容服务；二是所选素材要切合教学主题，具有典型性；三是所选素材要紧扣时代脉搏，具有鲜明的时代性和现实性；四是所选素材最好与学生的专业有关系。

三、"职业道德与法律"课实践教学的基本形式

"职业道德与法律"课实践教学大体可分为课堂实践教学、校园实践教学、社会实践教学三大类型。

（一）课堂实践教学

课堂实践教学开展的范围是在课堂内，以自然班为对象，具有经费开支少、易于组织、易于控制等优势。"职业道德与法律"课的课堂实践教学的形式有：模拟教学（至少一课时）、案例分析（至少一课时）、课堂辩论（至少一课时）、专题讨论（至少一课时）等。

1．模拟教学

模拟教学是指学生在教师的具体指导下，在模拟的工作岗位上扮演与课程内容相关的职业角色，从而巩固所学知识的模式。如在"遵从职业礼仪"的教学中，组织学生开展情景剧表演活动；在"崇尚程序正义"的教学中，组织学生开展模拟法庭活动。

2．案例分析

案例分析是指将案例讨论运用到课堂教学过程中，通过剖析典型案例，来增强学生的感性认识，加深对所学内容的理解掌握，培养学生理论联系实际和解决问题的能力。如在"我爱岗，我敬业"的教学中，引入热点话题"香港导游殴打旅客事件"，组织学生围绕"遵守职业道德是从业之本"进行案例分析；在"懂得犯罪后果"的教学中，引入热点话题"药家鑫案件"，组织学生围绕"犯罪的特征及其处罚"进行案例分析。

3．课堂辩论

课堂辩论是指在课堂内，全体学生围绕某一辩题，通过选择观点，形成正反两方，按照一定的组织形式在课堂上运用一定的理论、事实说明自己对这一主题的见解，并力求驳倒对方的论点。如在"增添我们的魅力"教学中，组织学生开展"成大事者要不要不拘小节"课堂辩论赛。

4．专题讨论

专题讨论是指在教师的指导下，学生以全班或小组为单位，围绕教材的中

心问题，通过讨论的活动形式，获得知识或巩固知识的教学方法。如在"依法经营企业"的教学中，引入双汇瘦肉精事件、台湾塑化剂事件，组织学生开展"质量为本，注重信誉"专题讨论活动。

（二）校园实践教学

校园实践教学是学生在校园内利用各种资源，将所学理论知识贯穿落实于各种实践活动中的教学方式。丰富多彩的校园实践活动，对于加速学生形成良好个性品质和道德情操有着十分重要的作用。"职业道德与法律"课的校园实践教学的形式有：校园文化活动、社团实践活动等。

1. 校园文化活动

校园文化是指每个学校所特有的物质环境、精神环境和文化氛围。"职业道德与法律"课的校园文化活动的形式有：专题讲座、校园辩论赛、演讲比赛、手抄报制作比赛、征文比赛、校园调查、观看电影或录像等。如在第一单元"习礼仪，讲文明"的教学中，结合扬州创建全国文明城市，邀请"扬州好人"张德兵为学生做题为"做一个有道德的人"的专题报告，组织学生开展"文明之花开在我心中"演讲比赛和"我身边的不文明行为"校园调查；在第二单元"知荣辱，有道德"的教学中，组织学生开展文明礼仪宣传语设计比赛、"我服务·我奉献·我快乐"手抄报制作比赛；在第三单元"弘扬法治精神，当好国家公民"的教学中，组织学生开展"拒绝毒品，珍爱生命"征文比赛、"我身边的不良行为"校园调查，组织学生观看电影《建国大业》《秋菊打官司》《东京审判》；在第四单元"自觉依法律己，避免违法犯罪"的教学中，邀请扬州市汊河派出所民警做了一场"治安管理处罚法"的专题报告；在第五单元"依法从事民事经济活动，维护公平正义"的教学中，组织学生开展"尊重父母要从小事做起"演讲比赛、"保护环境，人人有责"手抄报制作比赛。

2. 社团实践活动

学生社团是在校生以一定目标和理想为宗旨，由校内学生自愿组成的接受学校管理的学生群众性自治组织。学生社团具备同龄性、传播性和发散性的特点，对于减轻思想教育的工作量，提高思想教育的针对性和实效性有着积极作用。如组织学生成立旅游系读书协会，要求每个会员每学期至少认真阅读一本好书，并向同学做推介；组织学生成立旅游系青年志愿者协会，要求每个会员每学期至少参加一次校园志愿者服务活动。

（三）社会实践教学

社会实践教学是学生走出校门后，运用课堂内所学的知识指导自己实践的活动。"职业道德与法律"课的社会实践教学的形式有：参观访问、旁听审判、志愿者服务等。

1. 参观访问

参观访问就是教师按照一定的教学计划，带领学生，走出校园，让学生深入社会，让学生获得直接经验，增加感性认识，从而加深对课程内容的理解。如在第一单元"习礼仪，讲文明"的教学中，组织学生参观扬州市双博馆。

2. 旁听审判

旁听审判是指教师根据"职业道德与法律"课中法律部分的教学目标、要求和任务，通过与相关法院联系，组织学生前往法庭旁听案件审判的教学实践。如在第三单元"弘扬法治精神，当好国家公民"的教学中，组织学生到扬州市邗江区法院观摩民事案件法庭审判。

3. 志愿者服务

志愿者服务是指教师组织全班同学分小组深入学校周边的社区，结合课程内容，开展义务宣传、服务。如在第二单元"知荣辱，有道德"的教学中，组织学生开展"我为文明城市出份力""关爱空巢老人"志愿者服务活动。

四、"职业道德与法律"课实践教学的组织实施

（一）精心设计方案

实践教学要做到有的放矢，就要事先精心设计好实践教学方案。德育课教师应在认真研究课程教学大纲，深入钻研教材，全面分析各章节教学要求的基础上，围绕教学重难点、学生专业特点和社会热点，选好活动主题，拟定活动具体方案，内容包括：主题、活动目的、活动内容、活动方式、活动准备、活动步骤等。一般来说，应在新学期开学之前就拟定好一学期的实践教学方案。

（二）提前布置任务

在实践教学活动正式开始前一周至两周，德育课教师应向学生公布活动方

案，指导学生做好活动前的各项准备工作。如开展课堂辩论或校园辩论赛，要告知学生辩论规则，指导学生利用课余时间收集辩论素材；开展主题讨论，要向学生明确讨论的形式，布置讨论任务；开展旁听审判活动，要较早联系好相关法院，告知学生旁听日期，布置旁听任务；开展参观访问，要较早联系好参观访问单位，告知学生参观访问日期，布置学习任务。

（三）加强过程管理

在实践教学中，德育课教师要发挥主导作用，要对学生活动的全过程给予认真、及时的指导。如开展课堂实践教学，要控制好课堂节奏，维持好课堂秩序；开展校园实践教学和社会实践教学，要与学校的相关部门联合起来，共同组织，指导学生按照活动步骤开展活动，做好活动记录，为总结和评价作准备。

（四）做好总结评价

在实践教学结束后，德育课教师要对学生在实践教学过程中的表现进行点评；要联系教材内容，对实践教学过程中涉及的理论知识进行系统的串讲，帮助学生进一步巩固所学知识；要指导学生撰写调查报告、活动总结、观影体会等，展示学生的学习成果；要结合学生自评与互评，对学生的实践教学成绩进行综合评定，并计入课程总成绩。

第五章

教师成长篇

第一节　积极心理学对职业学校班主任专业成长的启示

第二节　积极心理学视阈下职业学校班主任专业素养

第三节　积极心理学视域下职业学校班主任专业化建设的实践

第四节　职业学校班主任专业化建设现状调查

第五节　思政课说课比赛策略

第一节　积极心理学对职业学校班主任专业成长的启示

积极心理学以积极品质和积极力量为研究核心，对于职业学校班主任队伍建设有着重要启示。积极心理学对职业学校班主任专业成长的启示主要有两个方面：一是要以积极的心态对待班主任工作，二是要以积极的行为开展班主任工作。

一、以积极的心态对待班主任工作

（一）积极看待职校生存在的问题

来职业学校上学的学生多数是中考失利者，进入职业学校后，他们的学习目标不明确，信心不足、精神空虚；心理不够成熟，具有较强的虚荣心，争强好胜，表现欲望较强；价值观模糊、摇摆、模棱两可，自我意识不够健全。积极心理学提倡对个体或社会所具有的问题做出积极的解释，并使个体或社会能从中获得积极的意义。积极心理学主张从两个方面来寻求问题的积极意义：一是多方面探寻问题产生的根本原因，二是从问题本身去获得积极的体验。因此，一方面班主任要正视职业学校学生发展的现实，尊重差异，消除差生的概念；另一方面，当学生出现问题行为时，班主任要站在积极的角度分析学生存在的问题，善于发现学生的闪光点，引导学生从问题中获得成长。

（二）积极面对工作中的难题

班主任在班级管理中不可能不遇到麻烦，当问题发生时，有的班主任选择消极应对，而有的班主任则选择积极面对。积极心理学认为，具有积极观念和良好心态的人，他们对生活的适应能力往往更强，面对困境和压力，他们也能够以最好的状态应对不利环境。从积极层面看，问题的出现，尤其是关键事件的出现，恰恰给了班主任提升管理能力和水平的机会，因此要做个积极的班主任。同时，情绪、情感是极易被传染的，如果班主任以积极的心态处理班级管理中的问题，学会调控情绪、情感，学生也能被感染，始终保持积极乐观的精神状态。

（三）积极提升自我职业幸福感

职业幸福感，是指主体在从事某一职业时基于需要得到满足、潜能得到发挥、力量得以增长所获得的持续快乐体验。职业教育有别于普通的高等教育和其他教育，有其自身的特殊性，这在一定程度上影响着职业学校教师的职业幸福感。职业学校班主任提升自我职业幸福感可尝试以下方法。第一，树立健康阳光的生活态度。班主任要快乐地工作，快乐地生活，以良好的情绪感染学生，使自己的教育教学收到较好的效果。充分展现个人才华。一方面，班主任要积极参加各种类型的比赛和有益于身心健康的文体活动，在职业技能、生活技能中凸显个人才华，增强自我效能感、工作价值感和主观幸福感。另一方面，要适时地在学生面前展示自己的特长，提高自己在学生中的威信，增强自己对学生的影响力。第二，构建和谐的人际关系。班主任要与同事相互尊重，相互信任，要善于向同事学习，取长补短。和谐的人际关系有助于班主任保持愉快的精神状态，获得较高的工作效能，从而感受到职业幸福。

二、以积极的行为开展班主任工作

（一）创设积极的班级氛围

积极心理学认为，人格心理、生命状态主要是在人与社会文化环境的交互作用形成的复杂的因果活动过程中得到发展，内在因素、外部行为和社会文化环境三者是交互作用的，家庭、学校和社会等组织系统的建立要有利于培育和发展人的积极力量和积极品质。因此，构建良好的、积极的班级氛围，对学生积极情绪、积极作为的形成具有重要的作用。

创设积极的班级氛围的方法有：1.建立积极的班级制度。职业学校班级制度包括班级组织机构、承包责任制、奖惩制度、班级常规等。班级制度应使用正面引导性语言，避免采用禁令式、恐吓式的语班主任要让学生积极参与班级制度的制定，让班级制度体现出班级的特色和风格，并内化为学生的行为习惯。营造积极的学习环境。班主任要带领学生精心布置教室环境，利用好每一个空间，使其既温馨舒适又催人奋进。同时，要结合专业开展丰富多彩的文体活动，激发学生学习动力，引导学生积极学习。2.构建和谐的师生、生生关系。班主任应加强与学生的交流，尊重学生，关爱学生，让学生在平等、民主、和谐的环境中学习；要以积极的心态处理问题，感化学生；要引导学生相互尊重，彼此关怀，互帮互助。④建设积极的精神文化。班级精神是全班学生的精神支柱和共同信奉的价值准则，具有强大的凝聚力。如班训、班歌、班徽等班级标志物；开展丰富多彩的集体活动；重视师生情感交流，尊重学生差异，关心、爱护学生。总之，班主任要千方百计地让学生产生强烈的集体归属感，让学生在轻松、和谐的氛围中快乐学习、健康成长。

（二）充分挖掘学生的潜能

积极心理学认为，人人都有积极的心理潜能，都有自我向上的成长能力。积极心理学提倡用开放的、欣赏性的眼光来看待人的潜能，以人固有的、潜在的建设性力量以及美德和善良为出发点，用积极的心态解读人的心理现象，激发人内在的积极力量和优秀品质，以帮助人最大限度地挖掘自己的潜力并获得美好的生活。职业学校班主任应充分挖掘并激发学生的潜能，同时帮助他们达成所愿。

挖掘并激发学生潜能的方法有：①帮助学生正确认识自己。每个学生都有潜能，都有自我积极成长和发展的能力。班主任要树立人人皆可成才的职业教育观，善于挖掘学生的长处，及时肯定其闪光点，引导学生树立积极的人生目标。②关注学生全面发展。班主任要善于激发学生的主动性和创造性，充分发挥学生特长，为每一个学生提供适合的教育，提高学生的就业能力、创业能力和终身学习能力，促进学生全面发展。如建立合理的奖惩考评制度，激励学生不断上进；实行民主管理，多让学生参与班级管理，等等。③注重激活学生潜能。班主任要鼓励学生积极参加丰富多彩、积极向上的校园文化活动及"文明风采"大赛、技能大赛等各类赛事活动，让学生在活动中陶冶情操，激活潜能，展现风采。

（三）培养学生的积极人格

积极心理学认为，自我提升是个体不断积累自己的积极品质，从而使自己达到一个新的高度，并最终走向自我完善的过程。职业学校班主任要坚持"以人为本"，给予学生充分的信任，培养学生的积极人格培养学生积极人格的方法有：1.培养学生的自信心。班主任要善于激发学生内在的积极力量和优秀品质。当学生遭遇挫折时，要给学生打气，引导他们乐观面对；当学生获得成功时，要及时加以肯定，让学生拥有自信，对未来充满信心。2.培养学生良好的学习习惯和态度，让学生在喜悦中获得学习的乐趣，积极面对各种学习困境。3.培养学生的积极情绪。班主任要引导学生转换认知，将消极想法转化为积极想法，进而体验积极情绪。4.鼓励学生奋发有为。大多数职校生成绩差并非智力问题，而是缺乏良好的学习方法和习惯。通过开展丰富多彩的班级活动，让学生时刻有竞争、比拼的意识，推动学生不断上进。

第二节　积极心理学视阈下职业学校班主任专业素养

与普通高中和高校相比，职业学校的学生相对难管一些，因此不少职业学校教师不愿意主动承担班主任工作。积极心理学以积极品质和积极力量为研究核心，提倡要用积极的心态激发每个人自身所潜在的积极品质和积极力量，对于职业学校班主任专业化成长具有重要的启示意义。本文拟从积极心理学的视角，对职业学校班主任专业素养的内涵、基本内容及培养路径做一简单探析。

一、积极心理学视阈下职业学校班主任专业素养的内涵

班主任是组织班级管理和德育的直接实施者，在学校实施教书育人、管理育人、服务育人，沟通学校、家庭和用人单位等方面发挥着重要的作用。具备足以胜任班主任工作的基本素养是职业学校班主任专业化建设的核心内容。

在积极心理学视野下，职业学校班主任专业素养具有新的内涵。一是在班主任个人品德修养和人格特质方面，强调以班主任的高尚道德情操和积极健全的人格培育学生的良好品德和健全人格；二是在班主任育人理念方面，强调尊重、理解学生，关注学生的积极面，进而引领学生全面发展；三是在班主任理论素养方面，强调思想教育理论、心理学理论、社会学理论和管理学理论的整合，以积极的思想理论影响学生；四是在班主任专业能力和专业技能方面，强

调提高组织管理能力、人际沟通能力、体现教育智慧的应变能力和教育研究能力，掌握思想教育技能、心理辅导技能以及引领学生进行科学职业生涯规划的技能等。其中对学生的精神关怀是职业学校班主任专业素养的关键要素。职业学校学生的身心发展有其独特的规律，这就要求职业学校班主任要具有童心意识、学生意识、生命意识，在班主任工作中能做到"以人为本、以学生发展为本、以学生成长需要为本"。这样的精神关怀对职业学校学生的健康成长尤为重要，应该成为职业学校班主任的自觉行为。

二、积极心理学视阈下职业学校班主任专业素养的基本内容

积极心理学视阈下职业学校班主任专业素养包括专业道德、专业知识、专业技能三个维度，涵盖职业理解与认识、育人思想与理念、个人修养与行为、教育知识、通识性知识、了解观察能力、组织管理能力、综合协调能力、反思创新能力等九个领域，具体要求如表 5-1 所示。

表 5-1　积极心理学视阈下职业学校班主任专业素养

维度	领域	基本要求
专业道德	（一）职业理解与认识	1. 自觉遵守教育法律法规。 2. 理解职业学校班主任工作的意义。 3. 认同职业学校班主任工作的独特性和专业性，热爱班主任工作。 4. 坚持立德树人、教书育人。
	（二）育人思想与理念	5. 树立育人为本、德育为先、能力为重的理念，重视学生的全面发展。 6. 遵循职业教育规律、技术技能人才成长规律和学生身心发展规律，促进学生职业能力的形成。 7. 营造勇于探索、积极实践、敢于创新的氛围，培养学生的动手能力、人文素养、规范意识和创新意识。 8. 引导学生自主学习、自强自立，养成良好的学习习惯和职业习惯。9. 关心爱护全体学生，尊重学生人格，平等公正对待学生。 10. 严格要求学生，善于理解学生，做学生的良师益友。 11. 保护学生安全，关心学生健康，维护学生权益。
	（三）个人修养与行为	12. 知荣明耻，严于律己，以身作则。 13. 衣着整洁得体，语言规范健康，举止文明礼貌。 14. 关心集体，尊重同事，具有团队合作精神。 15. 尊重家长，接待家长有礼有节，与家长交流谦和、诚恳。 16. 善于自我调节情绪，保持平和心态。 17. 作风正派，廉洁奉公。 18. 有一定的兴趣爱好，具有一至二项特长。

续表

维度	领域	基本要求
专业知识	（四）教育知识	19．了解关于学生生存、发展和保护的有关法律法规和政策规定。 20．掌握班集体建设和班级管理的策略和方法。 21．掌握职业学校学生身心发展规律与特点，熟悉技术技能人才成长规律。 22．具备一定的教育心理学知识，掌握保护和促进学生身心健康发展的策略和方法。 23．了解学生世界观、人生观、价值观形成的过程并掌握其教育方法。 24．掌握对学生进行青春期和性健康教育的知识和方法。 25．了解学生群体文化特点和行为方式。
	（五）通识性知识	26．具有相应的自然科学和人文社会科学知识。 27．了解中国经济、社会及教育发展的基本情况。 28．具有一定的艺术欣赏与表现知识。 29．具有适应教育现代化的信息技术知识。
专业技能	（六）了解观察能力	30．熟悉每个学生的家庭背景、成长经历、品行特征、学习状况、健康状况、兴趣特长等基本情况。 31．熟悉学生家长，了解学生家庭的基本情况。 32．对学生日常表现进行观察，及时掌握学生的思想、心理、学习、生活动态，发现和赏识每一个学生的进步。 33．关心班级特殊学生，及时了解并尽力帮助他们解决学习生活等方面的困难。
	（七）组织管理能力	34．指导学生制订并落实符合班级实际的规章制度。 35．指导班集体确立发展愿景，制订班级阶段和学期工作计划，定期做好班级工作总结。 36．认真做好班级的日常管理工作，维护班级良好秩序。 37．加强班级主体文化建设，建设"整洁、美观、文明、温馨"的班级文化环境。 38．组织、指导开展班会、团会（日）、文体娱乐、社会实践、志愿服务等形式多样的班级活动。 39．根据学生身心发展特点，有针对性地组织开展有益身心健康发展的活动。 40．指导学生理想、心理、学业等多方面发展，用科学的方法防止和有效矫正学生的不良倾向和行为。 41．指导班委会和班级团工作，积极推行学生自我教育、自我管理、自我服务的班级管理机制。 42．做好学生的综合素质评价工作，灵活使用多元评价方式，多视角、全过程评价学生发展。

续表

维度	领域	基本要求
专业技能	（八）综合协调能力	43. 建立良好的师生关系，帮助学生建立良好的同伴关系。 44. 经常与任课教师、学校德育职能机构及管理工作者保持联系，互通情况，形成合力。 45. 通过家访、家长会等形式，与学生家长保持经常性联系，善于听取家长的合理意见和建议，并能有效地进行家庭教育指导。 46. 善于利用社会教育资源，组织学生开展有意义的社会实践活动。 47. 能妥善解决好学生中出现的突发事件。
	（九）反思创新能力	48. 注重学习，善于反思，不断自我调整和改进工作。 49. 针对工作中的现实需要和问题，有意识地进行探索和研究。 50. 班级管理工作有特色。

三、积极心理学视阈下职业学校班主任专业素养的培养路径

（一）积极开展班主任心理疏导活动

积极心理学告诉我们，积极人生具有三种人格特质，即积极主动、胸怀境界、情趣生活。"积极主动"就是将命运握在自己的手里，自己主导事情的发生和发展，勇于做一个积极主动、对自己负责的人。"胸怀境界"是指能够接受那些自己无法改变的人和事，凡是自己尽了全力的，就该感到满意并享受乐趣。"情趣生活"是指班主任的生活应该充满生机和情趣，应该会生活，会交友，会读书，会思考。在职业学校班主任专业化成长过程中，尤其要重视班主任的心理疏导，注重培植班主任的积极人格品质，如指导班主任进行职业生涯规划，建立班主任阅览室、班主任放松室，开展户外拓展、参观考察、趣味游戏等活动。通过一系列的心理疏导活动不仅能有效提升班主任的专业素养，也能让班主任更多地体会职业幸福感。

（二）健全班主任专业成长保障机制

认真贯彻落实《中等职业学校德育课程教学大纲》《教育部、人力资源社会保障部关于加强中等职业学校班主任工作的意见》。一是保障待遇。合理安排班主任的教学任务，并将班主任工作计入教师基本工作量。充分发挥工资分配的激励作用，在绩效工资分配时适当向班主任倾斜，不断提高班主任的待遇。二是表彰激励。建立健全班主任的奖励制度，将优秀班主任的表彰奖励纳

入教师、教育工作者的表彰奖励体系，定期表彰优秀班主任，广泛宣传优秀班主任先进事迹。在职务晋升、职称评定等活动中，优先考虑优秀班主任。

（三）构建多元化的班主任培训体系

一是校外培训。积极组织本校班主任参加各层次的校外培训活动。通过校级以上的班主任培训，不断提高班主任的思想水平和业务能力。二是校本培训。如初次担任班主任的教师必须进行岗前培训，做到先培训后上岗；请优秀的班主任对新班主任进行传帮带；指导班主任读书学习；聘请专家、学者、学校领导、优秀班主任等举办班主任专题培训等。三是以赛促训。如开展班主任才艺大赛、主题班会课说课比赛、主题教育活动设计比赛、家长会方案设计比赛、德育案例评比、德育工作论文征文评比、班主任专业化成长案例评比等。通过多元立体的班主任培训，使在任班主任逐步做到专业化。

（四）引导班主任进行实践反思活动

班主任的专业化发展是一个"实践—反思—实践"的过程。班主任专业化发展贵在学习、重在反思。要重视反思在班主任专业成长中的作用。通过反思，班主任会找寻对现实和自我的不满，引发对某些问题的深入思考，从而激发班主任不断改变现状，超越自我。要做好反思，需要班主任多读书、多思考、多观察、多琢磨。进行自我反思的方法有很多，如写教育随笔、教育周记、教育日记，撰写教育案例，参加现场观摩、讨论交流，听学生反馈等。

（五）指导班主任开展教育科研工作

教育科研是促进班主任专业发展的有效途径。班主任工作有其自身的特点和规律，需要加强研究和探索。班主任不愿搞教育科研、不会搞教育科研，会在很大程度上影响班主任的专业成长。教育实践表明，专业化的班主任一定是重视教科研的、研究型的班主任。班主任开展教育科研，不仅有助于改善班级管理水平，提升班主任工作能力，有效提高班主任工作效率，而且也能促进自己专业化素质的提升。职业学校要建立以科研引领德育的工作机制，保障经费投入，注重调动班主任开展教育科研工作的积极性。

第三节　积极心理学视域下职业学校班主任专业化建设的实践

近几年，职业学校教师中存在"两多"现象：一是年轻教师多，二是非师范类院校毕业生多。随着招生规模的不断扩大，大批年轻教师走上班主任工作岗位。他们在承担较繁重的课务的同时，还要面对班级管理的压力。由于缺乏经验，不少年轻班主任疲于应付。笔者针对扬州市职业学校班主任做过一次调查，结果显示：34%的班主任提出或想提出不当班主任，73%的班主任感觉到没有成就感，56%的班主任工作时有一种精力枯竭感。为造就一支师德高尚、业务精湛、充满活力的高素质班主任队伍，引导班主任以积极的心态面对工作压力，以积极的心态教育和引导学生，体会作为班主任的幸福感，我们提出了"积极心理学视阈下班主任专业化建设"这一命题并在教育教学实践中进行了研究。

职业学校班主任是学生健康成长的引领者，在学校实施教书育人中发挥着重要的作用，班主任专业化便是教师专业化的题中应有之义。

一、研究意义

（一）提高职业学校班主任工作能力和水平

班主任对学生的影响是全面而复杂的，这就要求职业学校班主任要努力成为掌握并能灵活运用积极心理学原理的灵魂工程师。作为一个专业性较强的岗位，职业学校班主任必须强化学习，始终保持高昂的工作热情，善于激发自身的潜力，不断提高班主任工作能力和水平，使自己具备专业理念和道德、专业知识、专业技能。

（二）提高职业学校德育工作和班集体建设的水平

实践证明，班主任的专业化程度与德育工作现状成正比，与班集体建设水平成正比。班集体是德育工作的基本单位和重要场所，优秀的班集体会促进学生学会学习、学会生活、学会做人、学会合作、学会创新,是促进学生和谐发展的途径和摇篮。

(三)促进职业学校学生全面健康成长和健全人格的培养

职业学校学生中的大多数人是中考"独木桥"上的失意者,家长的埋怨、社会的偏见、教师的冷落,使他们的自尊心和自信心受到了不同程度的打击,心理和行为上出现了一些偏差。从整体来看,学生的综合素质、行为习惯、个性心理都具有鲜明的个性特点:形象思维活跃,抽象思维不足;自理能力不强,自我要求不高;兴趣爱好广泛,个性特征明显。这样的个性特点,使得职业学校班主任工作面临较大的挑战。以班主任专业化建设为抓手,全面地、深入细致地对学生进行思想引导和行为引领,对职业学校学生全面健康成长和健全人格的培养无疑具有非常重要的意义。

二、理论基础与实践依据

(一)理论基础

首先,积极心理学。就积极心理学理论而言,积极心理学的创始人是美国当代著名心理学家塞利格曼。积极心理学的研究重点是如何调动人自身的积极因素。积极心理学倡导用积极心态对人的心理做积极的解读,倡导用积极的品质寻求良好的生活和获得幸福,倡导用积极的心态和科学的方法帮助人们树立自信,学会感知幸福。其次,教师专业化发展理论。教师专业化发展是教师在专业思想、专业知识、专业能力等方面不断发展和完善的过程。班主任专业化就是班主任通过学习、实践、培训和自我学习实践达到班主任专业水平的过程。

(二)实践依据

加强职业学校班主任专业化建设的实践研究,对于提高职业学校学生管理工作整体水平,促进班主任队伍的专业化建设,推进学校教育教学质量的提升具有重要的现实意义。对于学生管理而言,专业化的班主任队伍能够更好地了解学生的所思所想、知道他们的所乐所好,在帮助解决学生各种问题,培养良好的行为习惯、促进学生素质提升等方面能发挥更加积极有效的作用。对于班主任而言，强化班主任队伍专业化建设的实践研究，将进一步帮助我们明晰班主任专业素养的基本要素，明确班主任专业化建设的路径、保障机制、评价机制，并为班主任专业化建设提供可借鉴的案例，从而进一步促进班主任的专业化成长。

三、实施路径

（一）读书学习

有人说："教师若不读书，若没有在书海中的精神生活，那么提高他的教育技能的一切措施就都失去意义了。"教师是人类文明的传播者，应该不断以新的知识充实自己。学生管理工作是一门很深的学问，班主任只有加强学习，才能拥有渊博的知识、丰富的经验。班主任作为学生健康成长的引领者，应成为热爱学习、学会学习和终身学习的楷模。职业学校要鼓励班主任多读书，读好书，加强对班主任读书过程的指导，积极开展读书交流活动。

（二）专业培训

专业培训是班主任专业化成长的重要途径。通过培训，能更新班主任的教育观念，提高管理思想、德育素养，熟练掌握职业学校班级管理能力和工作技巧，促进班主任的专业成长。从举办主体来看，职业学校班主任专业培训分为两类：一是由教育主管部门或职业教育学会组织的班主任培训，二是由职业学校自己组织的校本培训。不论哪种类型的专业培训，其形式多为专家讲座、同行交流、合作研究、专题研讨、实践训练等。职业学校还要把班主任到企业实践或考察纳入班主任培训计划。通过全方位的培训，全面提升班主任的工作能力。

（三）自我反思

美国心理学家波斯纳曾提出教师的成长公式是"经验+反思=成长"，我国著名心理学家林崇德也提出"优秀教师=教学过程+反思"的成长公式。自我反思是提高职业学校班主任工作能力的重要途径，是促使专业成长的重要方法。职业学校要重视班主任的反思训练，让班主任掌握自我反思的方法，形成反思的习惯。班主任进行自我反思的方法有很多，如写反思日记、现场观摩、撰写教育案例、讨论交流和开展行动研究等。

（四）科研引领

提到科研，不少职业学校班主任认为既要管班级，又要搞科研，岂不加重了自己的工作负担。其实不然，科研是解决工作中出现的问题、提高工作效率的重要手段。对于班主任而言，开展班主任工作理论研究有助于改善班级管理水平，提升班主任工作能力，有效提高班主任工作效率。职业学校要建立以科研引领德育的工作机制，注重调动班主任开展科研工作的积极性，鼓励班主任把班级建设作为载体，将工作中遇到的难题作为课题去研究，积极探索职业学校班主任工作规律，不断提高班主任工作实效。

（五）教育实践

实践是认识的基础，也是提高班主任工作能力的重要方法。班主任的工作能力不仅要在学习、培训、交流、反思中提升，更要在工作实践中加以锤炼。不少年轻教师在担任班主任工作之前都有很多顾虑，但一旦做了班主任之后，又会发现班主任工作经历对自己的专业化成长有很大帮助。优秀班主任不一定是理论家，但一定是实干家。班级建设与日常管理是职业学校班主任最基本的实践活动。通过教育实践，年轻班主任得以快速成长。

（六）考核激励

班主任专业化发展是一个系统工程，期间充满了挑战。职业学校要建立健全班主任考核制度，将班主任工作经历作为教师职称评定和晋级的优先条件之一，将班主任工作态度与实绩作为教师聘任、奖励、津贴发放、职务晋升等重要依据。职业学校可通过评选优秀班主任、开展星级班主任评选、建立班主任名师工作室等方式，不断提升班主任队伍的实践能力和工作水平，促进班主任的专业发展。

（七）活动提升

应搭建各类实践平台，创设各种特色活动，让班主任在实践中提升综合专业技能。一是职业学校班主任基本功竞赛。如开展班主任才艺大赛、主题班会课说课比赛、主题教育活动设计比赛、家长会方案设计比赛等。二是职业学校班主任专业化建设能力比赛。如开展德育案例评比、德育工作论文征文评比、班主任专业化成长案例评比等。三是班主任心理疏导活动。如开展户外拓展、参观考察、趣味游戏等活动。通过一系列的特色活动不仅能提升班主任的专业能力，也能让班主任体会到职业幸福感。

第四节 职业学校班主任专业化建设现状调查

班主任是班级工作的主要领导者、组织者和管理者，是学生健康成长的引导者，在学校工作中有着举足轻重的地位和作用。建设一支具有良好的政治业务素质、结构合理、相对稳定的班主任队伍，是教育改革和发展的大计。尤其在职业学校，特定的学生群体，特别的社会关注，对班主任工作提出了更新、更高的要求。因此，加强对职业学校班主任专业化建设情况的调研，了解现状，分析困境，找出建设的难点与解决策略，对促进职业学校班主任专业发展和育人质量提升，具有非常重要的现实意义。

一、调查基本情况

本研究借鉴了顾客满意度理论模型和教师专业化发展理论，采用问卷星网络问卷调查的方式。本次调查面向J省职业学校班主任，调查了解班主任职业基本情况、职业价值取向与实现、职业精神认同感和成就感、职业成长氛围、职业成长归属感等方面，共设置45个问题，其中单选题38项，多选题7项。运用问卷星平台软件以及Excel办公软件，对有效问卷所提供的基础数据、资料进行整理、汇总、分析，形成相关的统计数据。调查中，共收到有效问卷5601份。参与本次调查的班主任共5601人，其所在学校来自J省不同地域，具有一定的代表性和广泛性。

二、结果与分析

（1）专职、兼职并兼任行政管理工作

调查结果显示，专职班主任只占被调查人数的6.39%，大部分班主任是兼职班主任，既做班主任，又承担较多的课务或兼任行政管理工作。

（2）班主任所在学校的属性

参与调查的班主任中有90.2%来自教育部门举办的学校，也有少部分班主任来自人社部门、行业办学及民办学校。

（3）班主任性别

参与调查的班主任中，女教师比男教师多，女教师占58.04%，男教师占41.96%。

（4）班主任年龄

调查显示，39岁以下的班主任占75.56%，其中30～39岁的班主任占49.92%。50岁以上的班主任较少，只占2.57%。综合来看，J省职业学校班主任队伍中，39岁以下中青年教师是主力军，班主任群体呈现出年轻化的特点。

（5）班主任学科专业背景

职业学校班主任学科专业背景涉及哲学、经济学、法学、教育学、文学、历史学、理学、工学、农学医学、军事学、管理学等12个学科专业大类。排名前五位的学科专业如下：工学排第一位，占27.8%；教育学排第二位，占20.3%；文学排第三位，占18.6%；理学排第四位，占14.7%；管理学排第五位，占6.55%。综合来看，班主任学科专业背景多样化，其中师范类比非师范类稍多。

（6）班主任教龄

调查发现，74.18%的班主任教龄在15年及以下，具有10年以下教龄的班主任占46.6%。

（7）班主任工作年限

班主任工作年限在15年及以下的占比高达90.51%，班主任工作年限在10年及以下的占比仍然高达72.41%。这就意味着，在班主任群体中，具有丰富班主任工作经验的班主任比例偏低。

（8）班主任学历结构

网络调查显示，96.09%的班主任具有本科以上学历，其中硕士研究生以上学历的占17.82%。可见，J省职业学校班主任的学历水平整体较高。

图1　班主任学历结构

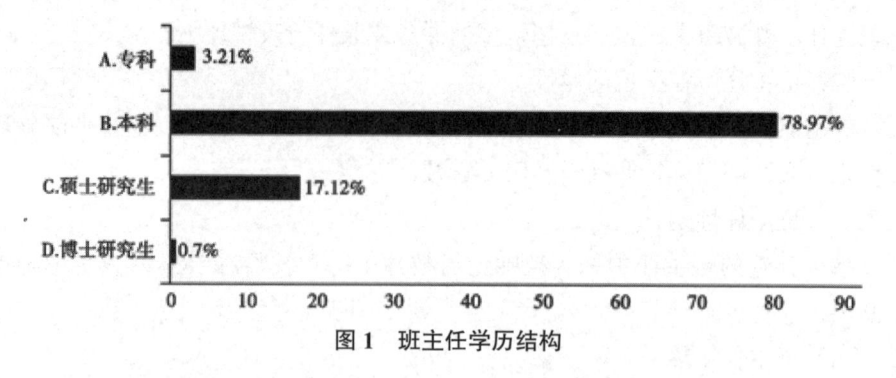

- A.专科　3.21%
- B.本科　78.97%
- C.硕士研究生　17.12%
- D.博士研究生　0.7%

(9) 班主任专业技术职称

副高及以上职称的班主任占比较小，具有中级、初级职称的班主任占82.06%。这说明，J省职业学校班主任职称以中级、初级职称为主。

(10) 班主任周课时

《中等职业学校德育大纲》(2014年修订)和《J省中等职业学校德育工作督导评价标准》(试行)等文件都规定："班主任工作计入教师基本工作量"。实行绩效工资后，多数职业学校普通教师的满工作量为周课时12节左右。但从本次调查来看，高达45.13%的班主任周课时达到13节以上。这表明，部分职业学校执行相关文件要求还不到位。

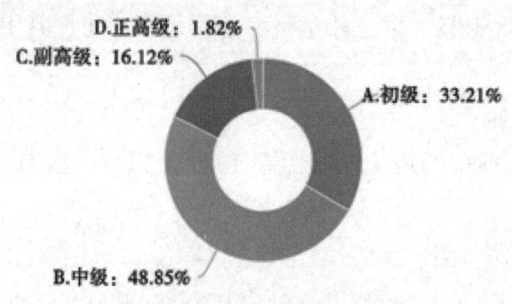

图2　班主任职称结构

- A.初级：33.21%
- B.中级：48.85%
- C.副高级：16.12%
- D.正高级：1.82%

(11) 获得优秀班主任情况

近一半的班主任获得过校级优秀班主任称号，获得市级以上奖励的占比较小，尤其是省级以上优秀班主任称号的占比仅为5.35%。

(12) 班主任工作日耗时间

73.1%的班主任每天花在班主任工作方面的平均时间在3小时左右。近一半的班主任每天花在班主任工作方面的平均时间超过3小时。这就意味着，有相当一部分班主任在承担繁重课务的同时,还要花费大量时间和精力去做好班主任工作,十分辛苦。

（13）是否参加名师工作室或师徒结对

有 65.18% 的班主任参加了名师工作室或师徒结对,以老带新是年轻班主任迅速成长的重要途径,部分职业学校对此项工作还不够重视。

2.2 职业价值取向与实现

（1）学校任用班主任时采取的主要方法

调查显示,J 省职业学校任用班主任采用的首要方法是委派,其次是教师自愿申请。有少数学校尝试教师轮流担当、教师竞争上岗的办法。

（2）担任班主任最主要的原因

超过一半的班主任承担班主任工作的主要原因是服从学校安排或职称评审、晋级的需要。只有 25.69% 的班主任是出于对班主任工作的热爱而去担任班主任。这说明职业学校班主任岗位吸引力明显不足。

（3）职前班主任专项培训情况

从调查统计看,多数教师在参加工作前没有接受过专门的班主任课程教育。

（4）班主任培训形式

J 省职业学校班主任培训的形式灵活多样。目前,班主任培训的主要形式还是听取讲座或报告；同行经验交流、师徒结对、网络培训也占一定比重。

（5）班主任培训的组织部门

J 省历来重视职业学校班主任培训工作,每年都举办职业学校骨干班主任培训、春蕾班班主任培训、德育骨干教师培训等。但本次调查发现,班主任培训主要集中在学校和县市级教育行政部门。参加省级培训的比例还需提高,目前只占 27.19%。（6）校级班主任培训频率多数学校一学期组织 1～4 次班主任培训,只有 27.6% 的学校,1～2 周组织一次班主任培训。

（7）班主任工作反思方式

绝大多数班主任注重工作反思,其方式也呈现多样化的趋势。首选的方式是经验总结,排在第二位的方式是工作日记,排在第三位的方式是口头交流发言,排在第四位的方式是论文,排在最后的方式是科研课题。

2.3 职业精神认同感和成就感

（1）衡量班主任工作成效最主要的标准

67.35%的班主任认为良好的班风、学风是衡量班主任工作成效最主要的标准。由此看来，与学生成绩相比，职业学校班主任普遍关注学生的可持续健康成长。

（2）学校考核班主任的主要依据

92.75%的学校考核班主任的主要依据是常规管理。其次是学生和家长评价、领导评价，分别占比51.92%、53.95%。再次是学生成绩，占比42.65%。最后是任课教师评价，占比34.48%。（不完全统计）

（3）对班主任考核的态度

大多数班主任认同学校考核办法，在调查中选择"能"和"基本能"的合计占比85.86%。

（4）对于班主任职级制（如分为初级、中级、高级班主任）的意见

56.39%的班主任明确赞成实行班主任职级制。21.32%的班主任选择"不太赞成"，15.34%的班主任选择"说不清楚"。合计约36.66%的班主任对班主任职级制采取比较模糊的态度，而明确反对实行班主任职级制的只占7.96%。

（5）职业成就感

81.09%的班主任认为尽管工作繁重，但心态好，仍能体会成就感。得过且过，有倦怠感的只占2.36%。这表明，J省职业学校班主任肯吃苦，抗压能力强。

（6）班主任月津贴

因为地区经济发展水平的差异，J省不同地域的职业学校班主任津贴出现较大差别。该省南部地区职业学校班主任津贴明显高于中部、北部地区。从全省范围来看，职业学校班主任津贴总体偏低。班主任月津贴在500元以上的只占26.45%，57.15%的班主任月津贴在300～500之间。

（7）班主任对月均班主任津贴的看法

《中等职业学校德育大纲》（2014年修订）和《J省中等职业学校德育工作督导评价标准》（试行）等文件都规定："绩效工资适当向班主任倾斜"。但执行情况并不乐观。在本次调查中，班主任对月均班主任津贴很满意的只占4%，68.9%的班主任不满意，其中24.62%的班主任很不满意。（不完全统计）（8）优秀班主任在竞选学校中层干部时是否予以优先考虑早在2010年，教育部颁布的《关于加强中等职业学校班主任工作的意见》中就提出，"学校

选拔管理干部应优先考虑长期从事班主任工作的优秀班主任"。调查中，只有三成左右的班主任表示学校在选拔中层干部时会优先考虑优秀班主任。

2.4 职业成长氛围

（1）班主任工作中最棘手的问题

班主任认为最棘手的问题，首先是调节学生心理，其次是处理突发事件，最后是转化后进生。由此可见，职业学校要重视心理健康教育。

（2）对违纪学生的处理方式

高达92.11%的班主任对待违纪学生的处理方式是耐心教育，显示出J省职业学校班主任普遍具有仁爱之心。

（3）最关注学生的哪方面素质

79.09%的班主任认为首先应关注学生的品德。在班主任们看来，培养学生高尚的品德远比能力、成绩更重要。这与国家倡导的"立德树人"完全吻合。

（4）班主任与家长沟通交流的频率

班主任不是只有当学生违纪时，才与家长联系。绝大部分班主任能做到每月至少与家长沟通交流一次，注重家校合作。

（5）班主任与学生家长交流的方式

班主任与家长交流的主要方式是打电话、发短信以及通过微信、QQ群进行交流，其中打电话比例最高，占91.11%。

（6）班主任工作中最大的压力

调查显示，班主任主要有两大压力源：一是学生心理行为问题；二是学生家长误解与不配合。

（7）班集体建设规划

87.47%的班主任有明确的目标和措施，并能实施。

（8）开展班级活动的依据

多数班主任不拘泥于学校安排，能根据班级特点和学生需要组织开展班级活动。只有35.12%的班主任完全按照学校要求开展班级活动。

（9）处理班内突发事件的状态

60.63%的班主任能有条不紊地处理，效果很好。33.23%的班主任能及时处理，但效果一般。极少数班主任会请求领导协助处理，占4.71%。（不完全统计）总体来看，班主任处理突发事件能力还有待提高。

2.5 职业成长归属感

(1) 班主任职业生涯与专业发展规划

调查显示，只有42.49%的班主任认真做过班主任专业发展规划并按照规划行动。这说明，不少班主任尤其是年轻班主任对走专业化发展道路的意愿不强。

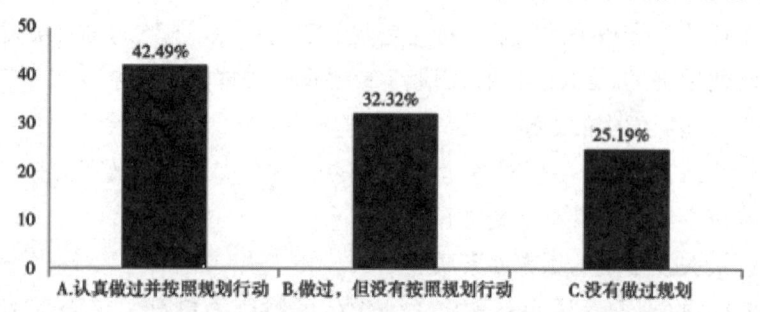

图3 是否做过班主任职业生涯与专业发展规划

(2) 班主任自主学习情况

每天坚持学习的班主任只占9.09%，说明班主任自主学习的动力不足，自主学习缺乏计划性，存在较大的随意性。

(3) 班主任科研能力

调查显示，60.17%的班主任两年内没有发表过1篇文章。职业学校班主任科研能力有待增强。

(4) 对班主任的角色定位

大部分教师在班主任工作定位中更倾向于成为学生人生发展的导师，成为学生的知心朋友，分别占比52.49%、35.14%。这说明，多数职业学校班主任对工作的定位是积极的。

(5) 班主任对教育主管部门的看法

J省教育厅非常重视职业学校德育工作。2013年J省教育厅颁布了德育督导标准，明确将班主任队伍建设作为德育队伍建设中的重要内容。调查显示，27.48%的班主任认为教育主管部门制定的政策给予班主任的发展空间大；30.44%的班主任认为教育主管部门制定了政策，但给予的发展空间小；16.66%的班主任认为教育主管部门提要求多，并未提供发展空间；25.42%的班主任认为教育主管部门提要求多，没有相应举措。

(6) 假如可以自由选择，您还会选择当班主任吗？

针对这个问题，做出肯定回答的班主任只占18.98%。综合调查分析，出现这种情况的原因来自两个方面：一方面，很多教师选择做班主任工作是无奈之举；另一方面，职业学校班主任工作确实辛苦且月津贴不高，发展空间不够大。

（7）职业学校班主任应具备的核心专业素养

调查显示，职业学校班主任认为应该具备的核心专业素养依次为：班级体建设与管理能力、专业理念与师德、心理健康教育能力、指导个体发展能力、家校共育协同能力、网络媒介育人能力。

三、政策建议

1. 强化师德培育

职校生是一个很特殊的群体，他们的成长离不开老师的关心、爱护、帮助。班主任要严如父、慈如母，公正、公开、公平地对待每一个学生，要以理服人，以身作则，言必有信，才能被学生接受。在师德的引领下，职业学校班主任要不断提高自身综合素质，具备良好的道德品质、科学文化素质、身体素质、心理素质，等等。

2. 实施系列培训

除了加大省级、市级、县区级等各级教育行政部门组织的班主任培训外，各校要注重探索建立系统、高效的校本班主任培训体系。各校应从自身实际出发，以人为本，制订培训规划，总体上建立分层次、多形式的培训体系，引导班主任多读书，多参加活动，逐步养成在实践中反思、反思中学习的习惯，不断提高班主任理论素养和业务水平。

3. 搭建多种平台

搭建各类实践平台，开展活动，让班主任在实践中提高综合专业技能。一是开展职业学校班主任基本功竞赛。如开展班主任才艺大赛、主题班会课说课比赛、主题教育活动设计比赛、家长会方案设计比赛等。二是开展职业学校班主任专业化建设能力比赛。如开展德育案例评比、德育工作征文评比、班主任专业化成长案例评比等。三是开展班主任心理疏导活动。如开展户外拓展、参观考察、趣味游戏等活动。通过一系列的特色活动，提升班主任的专业能力，让班主任体会职业幸福感。

4. 完善保障制度

为建设高素质的班主任队伍，保证班主任队伍的先进性，关键是要坚持高标准的选人原则，选好班主任队伍，严格把守入口关和用人关。一是建立健全准入制度。作为班主任，应该首先通过国家教师资格认证，不具备教师资格的不能担任班主任。对新任教师要先培训，后上岗，实施持证上岗的班主任准入制度。二是完善班主任考核制度。结合各地、各校实际，制定科学合理的班主任专业评价机制，通过奖励、引导等措施促进班主任专业化发展。三是提供待遇保障。各地教育行政管理部门和各校应严格贯彻执行教育部文件精神，注重听取班主任意见，合理安排班主任的教学任务，并在学校内部绩效工资分配、教师高级岗位聘用等方面向优秀班主任倾斜。

四、结语

通过调查，发现J省职校班主任专业化建设存在以下问题：班主任工作负担较重，压力大，职业倦怠日趋明显，经济待遇偏低，积极性不高；专业能力有待加强，专业成长内驱不足，成长路径有待丰富；班主任聘用方式相对简单，考评机制相对单一，激励机制相对滞后，培训手段相对陈旧。针对上述问题，建议从强化师德培育、实施系列培训、搭建多种平台、完善保障制度等多个方面采取改进措施，不断优化班主任专业化建设的外部条件与政策保障，不断提升班主任专业能力，不断增强班主任工作获得感。

第五节　思政课说课比赛策略

说课是指在规定的时间内，针对某一课题，采用讲述为主的方式，系统分析教学设计，充分说明设计依据，由同行或专家进行评议，以达到互相交流、共同提高的一种教学研究活动。说课分为课前说课和课后说课两类。本文主要探讨课后说课。下面就思政课说课比赛策略作一探讨。

一、夯实知识储备

（一）把握设计要素

不同类型的比赛会对说课提出不同的要求，但综合来看，在说课的设计中应包括目标确立、学情分析、教材处理、教学设计、教学实施、资源整合、教学反思等要素。

1. 目标确立

教学目标是教学设计系列活动的航标,科学合理的教学设计是从认清课程性质,确立教学目标开始。思政课教学目标应能符合课程标准所规定的目标,着眼于学生职业生涯的发展,着力于学生生活能力的提高与职业素养的形成,着重于价值观的形成。

目标确立要做到两点:一是目标的完整性。从教学目标设立的维度来看,现行职业学校思政课课程教学大纲将教学目标设定为"认知目标、情感态度观念目标、运用目标"三个维度。尤其要注意"情感态度观念"不能缩写为"情感"或"情感态度"。在三维目标中,认知目标是基础,情感态度观念目标是途径,运用目标是目的,三维目标层层递进,体现知、情、意、行的统一。在确立教学目标时,要做到知识、情感态度与价值观、运用三个维度层次分明、整体协调。二是目标的可行性。教学目标符合教学大纲的要求,科学合理、简明具体,与学生的认知能力相适应,体现"三贴近"原则。

2. 学情分析

当前,新的教学理念已经由重视"教"变为重视"学",讲求以学定教、以学评教、顺学而教、教为学服务,"有的"才好"放矢",所以,研究"学情"就成了说课的头等大事。"学情"主要包括三个方面:学生已有的知识基础、已有的生活经验、已有的学习方式和学习习惯。

职业学校学生的文化知识基础相对薄弱,能力特点有差异,学习习惯不一样,有部分学生对文化知识的学习动力不足、兴趣不高。但他们可能是不爱读书,并不是不爱学习。分析学情要结合学生专业特点,考虑学生实际,紧扣教学内容,从年级、男女生比例、专业发展、知识基础、起点能力、生活经验、学习习惯等方面进行全面分析,并提出相应的学法指导。

3. 教材处理

教材是教学的蓝本,但不一定是教学的操作方案,要树立用教材的思想。教材处理是分析本课教学内容在教材中的地位及其与相关知识的联系,由此确定教学目标、教学重点、教学难点和关键点,并在教学过程培养学生良好的思想道德品质和行为习惯以及分析和解决问题的能力等。

教材处理要把握三点:一是把握教学内容在教材中的地位与作用。首先,要了解教材的编写思路、结构特点、显著特色等;其次,要清楚《教学大纲》

对教学内容的基本要求；最后，要找到本次课教学内容与前后教学内容的联系及其在本章节、教材中的地位。二是确定教学重、难点知识。教学重、难点应定位准确，依据充分，并要具体分析教学难点和教学重点之间的关系。三是确定教学基本内容。教学不是教教材，而是用教材，教学基本内容的确定要考虑教学实际，内容的增删要合理，理由要充分。

4. 教学设计

教学设计是说课过程中最重要、最实在的环节。教学设计一般包括教学理念、教学组织、教学流程、教法设计、学法设计等。教学理念是教师对教学活动的基本看法、基本态度和基本观念，是教学设计的原则依据。教学组织一般分课前、课中、课后三部分。教学流程一般包括新课导入、探究新知、课堂小结等要素。教法设计是综合考虑学生所学专业的人才培养目标、教学目标、学生特性、教师特点、教材特色等要素，阐述本课教学过程中所采用的主要教学方法和教学手段。学法设计是根据教学目标、教学方法、教材特点及学生特性，设计学生的学习方法，以及如何提高学生的学习兴趣的方式等。

教学设计的总体要求为：一是所有设计都要有充分的确立依据；二是符合《教学大纲》要求；三是切合教学内容安排；四是合理安排教学环节；五是有效破解教学重难点知识。

5. 教学实施

教学实施是实现教学目标的中心阶段。教学实施是教学过程的全景展示，重在体现教学目标、知识脉络、流程安排、预设问题、双边活动、教学手段、课堂场景等要素。教学实施不仅仅是对教学过程的感性呈现，还常常伴有适当的理性分析。

教学实施环节要注意展示教学程序及时间安排，体现师生互动、生生互动；要选用切合教学内容和学生实际的教学策略，且选用依据充分；教学步骤的说明要清晰、连贯、流畅，基本的教学环节要齐全，教学评价要合理、有效；板书设计要合理、恰当、精确。

6. 资源整合

教学活动是一个动态生成的过程。事实上，每节课都可能涉及教学资源的开发。思政课教学资源包括教学参考书、教学挂图（投影片）、音像资料、多媒体教学资料、案例选编等文本教学资源，道德楷模、法律专家和德育基地等社会德育资源。思政课教师要本着"贴近实际、贴近生活、贴近学生"的原则，围绕教学内容要求，根据地域文化、学校校情、专业特点及学生实际，有效整合教学资源。

教学资源的整合要能促进课程内容在课堂教学中有效展开与动态生成，激活课堂教学，提升学生运用知识的实践能力；教学资源呈现的方法要多样化；资源整合的依据要说明充分。

7. 教学反思

如果是课前说课，得失就无从说起，而"课后说课"就应当涉及得失。上完一节课后，教师要反思教学得失，即本节课成功之处是什么，不足之处是什么，今后如何改进不足。教学反思能客观分析本人该节课课堂教学的成败之处及其原因，能根据教学效果提出切实可行的改进措施。

教学反思要针对课堂发生的真实事件与情节，反思教学设计的落实情况，寻找教学效果与教学设计的差异，分析出现问题的原因，提出解决的方法。教学反思要做到：教学反馈及时，教学效果突出。

（二）研读课程标准

《课程标准》是教学的依据，具有法定的指导作用。《课程标准》确定了教材的编排指导思想、编排体系、编排原则。教师要能正确处理教材，必须从掌握课程标准开始。说课之前，思政课教师要认真研读《课程标准》，了解课程教学的总体目标、课程性质与任务、教学内容及具体的教学目标和要求，要重点关注《课程标准》中关于"教学原则和方式方法""评价与考核"等方面的内容。

（三）熟悉教学内容

熟读教材是理清教学重难点、确定教学目标、设计教案与学案的基础，也是高质量教学设计、高水平课堂教学的前提。在熟悉教学内容时，可以先通读教材，整体把握教材，领会教材编写意图，吃透教材特点，理清教学内容和教学目标的基本要点。

（四）关注课改动态

在教学之余，思政课教师要经常浏览"职业技术教育网""中国职业技术教育网""中国职业教育与成人教育网"等网站，经常浏览《思想理论教育》《学校党建与思想教育》《中国职业技术教育》《职业技术教育》《教育与职业》《职教论坛》《中国德育》《职业教育研究》《职教通讯》《中国教育报》《德育报》等期刊和报纸，掌握中职思政课教学改革的最新动态。

二、创新教学设计

（一）方法创新

　　教法、学法选择适当，切合教学目标要求和教学内容特点，体现学生的主体地位，有助于激发学生的学习兴趣，有助于支持学生的自主学习、协作学习或探究式学习，有助于培养学生良好的思想道德品质和行为习惯以及分析问题和解决问题的能力等。教法有讲授法、问答法、讨论法、项目教学法、情境教学法、案例教学法、角色扮演法、活动探究法等。学法有任务驱动法、情境活动法、小组合作法等。

（二）过程创新

　　一是教学程序尽量突破传统模式（复习旧知→导入新课→新知传授→课堂测验→新课小结→作业布置），淡化知识灌输，强调"学中做，做中学"。二是教学内容组织有序，呈现方式符合教学目标的需要以及学生的认知特点。三是教学环节完整，结构合理，层次清楚，过渡衔接自然流畅，各环节的教学时间分配合理。四是板书设计适当、巧妙，可分成主板书和副板书。

（三）内容创新

　　当前思政课教材体现了"贴近实际、贴近生活、贴近学生"的原则，无论是体系还是内容都很适当。但教材毕竟是静态的、相对稳定的，而社会生活则是动态的、不断变化的。这就要求思政课教师在进行教学内容设计时，必须根据实际需要，灵活地、有创造性地对教材进行"二次开发"，有效整合多方资源，遵循职校生思想发展的规律，遵循逻辑思维规律，及时传递最新理论成果，做到贴近实际、贴近生活、贴近学生。思政课教师要依据实际情况对教材进行科学处理，选材精当，内容适量。

（四）作业创新

　　课外作业是课堂教学的延伸，是促进学生认知、能力、情感、行动全面协调发展的重要途径。有些思政课教师对课外作业不太重视，作业的布置仅仅停留在"认知—再现"层面，问题设计简单，有唯一的、确定的标准答案，缺乏一定的探究性和实践性，学生只要将书本的知识要点抄到作业本上就可以了。这样的作业从根本上忽视了社会现实、学生的实际生活和思想水平。思政课作业设计要注重过程性和开放性，并在优化和提升学生的情感、态度与观念，行为与习惯，分析问题与解决问题的能力等方面下功夫，可尝试实践型作业、研究型作业、分层型作业、合作型作业等。

（五）技术创新

在说课比赛中，思政课教师要在一定程度上体现运用多媒体技术的水平。一是从课件界面的设计看，要做到布局合理、色彩协调、美观大方。二是从图片动画的选取看，要做到图片动画的选取切合教学内容、图片清晰、视频清晰且播放流畅。三是从展示技巧看，要尽量采用常用版本软件，以保证课件在其他机器上能正常播放，同时做到时机恰当，教学效果好。

三、掌握说课技巧

（一）教学理念要"新"

教学理念总体要符合《教学大纲》的要求，体现职业教育思政课教学改革精神，突出思政课教学方式和方法的创新，注重学生体验和实践。具体来说教学理念之"新"至少包括以下几点。

一是坚持正确的价值导向。坚持以毛泽东思想和中国特色社会主义理论为指导，牢牢把握社会主义教育方向，确保思想理论观点和价值取向的正确性，将引导学生树立正确的世界观、人生观和价值观贯穿始终。

二是贴近实际、贴近生活、贴近学生。中职思政课教学要遵循学生身心成长规律，紧密联系学生成长的实际和社会生活实际，服务于学生的终身发展，注重针对性、实效性和时代感，切忌空洞说教。

三是注重实践教学，突出能力培养。通过多种形式的实践教学活动，注重引导学生合作探究、在实践中学习，充分发挥学生的主体作用，着力培养学生的学习能力、认识能力和实践能力。

（二）比赛着装要"正"

参加说课比赛时的着装要典雅庄重。根据自己的体型，肤色，挑选适合自己的服装，会让你加分不少。最好着正装，男教师一般为衬衣、（可根据季节不同，配上领带、西装）、深色或浅灰色西裤，女教师一般为职业裙装，要大方得体，不能太紧、太露、太短。

（三）语言表达要"顺"

说课比赛重在一个"说"字，语言要规范、精练、清晰，语速要适当，语调的轻重缓急要恰如其分，让听者从说者的抑扬顿挫，高低升降中体会出说课内容的变化。说课关键是要说出自己的理解和思想，说清自己的教学思路和教学方法，即使说错了也不要从头说，要做到环环相扣、层层推进、一气呵成。注意使用书面语言，切忌重复和口头禅。

（四）心理状态要"稳"

参加说课比赛，往往高手如林，如果还未上场就心生胆怯，自然无法做到正常发挥。要想做到"稳"如泰山，就必须在赛前加强训练，将说课内容烂熟于心，做到胸有成竹。同时，还要不断对自己进行正面的心理暗示。

（五）肢体语言要"精"

说课比赛是一种展示性的比赛，不仅要展示教学设计的内容，更要展示参赛教师的风采。思政课教师要善于抓住时机，适当运用眼神、表情、动作等体态语言。当然，如果肢体语言过多，则会适得其反。

（六）时间把控要"准"

说课比赛都有时间限制，所以一定要自己掌控好时间。在时间把控上要精准，避免均匀分配、前松后紧、前紧后松、过早结束、时间拖延等现象。为了把控好时间，在赛前一定要反复演练、不断调试，合理分配好各环节的用时。

四、结语

思政课说课比赛是同行交流、促进教学的重要形式，是展示思政课教师教学素养的重要舞台。无论是课前说课，还是课后说课，要想在比赛中取得好成绩，夯实知识储备是前提，创新教学设计是关键，掌握说课技巧是保障。

第六章

学校发展篇

第一节 职业学校章程内容研究

第二节 "职教特质、地方特色"校园文化的构建

第三节 基于扎根理论的新时代高职院校辅导员管理机制研究

第四节 高职院校党风廉政建设路径探析

第一节　职业学校章程内容研究

一、职业学校章程建设现状

（一）职业学校章程建设相对进展缓慢

当前职业学校章程建设现状不容乐观。全国高等学校基本都制定并公布了学校章程，职业学校章程建设相对进展缓慢。从调研情况来看，不少职业学校没有制定学校章程，有的学校领导连什么是章程都不清楚。有的学校考虑示范校建设验收或其他视导工作的需要也开展了章程建设，但应付上级、流于形式的居多。当然，造成这种现象的原因是多方面的，除了学校对章程建设的重要性认识不足外，国家对职业学校章程建设没有出台指导性文件，各级教育行政部门对此项工作不够重视，职业学校缺少办学自主权等也是不可忽视的原因。

（二）职业学校章程建设理论研究不够

《中华人民共和国教育法》明确规定，有章程是设立学校的必备条件之一，按照章程自主管理是学校的法定权利。但传统观念认为，只有民办学校才要制定学校章程，公办学校的管理者是政府部门，不需要制定学校章程。当前不少职业学校对章程的制定还处于探索阶段，学界对职业学校章程建设的理论研究处于起步阶段。由于理论研究成果较少，有的学校想开展章程制定，却往往受制于章程理论知识和技术的掌握；不少学校对章程建设的重要性和意义认识不足，对章程的内容、制定步骤及程序等不清楚。

二、我国教育法律法规规章对职业学校章程内容的规定

（一）教育法律法规对职业学校章程建设的总体部署

《中华人民共和国教育法》第二十七条规定："设立学校及其他教育机构，必须具备下列基本条件：（1）有组织机构和章程"，第二十九条规定：学校

及其他教育机构行使按照章程自主管理的权利。《中华人民共和国职业教育法2022修订》第三十三条规定，职业学校的设立，必须要有组织结构和章性。

（一）有组织机构和章程。

2014年，国务院颁布了《国务院关于加快发展现代职业教育的决定》，教育部先后颁布了《全面推进依法治校实施纲要》《职业院校管理水平提升行动计划（2015—2018年）》《依法治教实施纲要（2016—2020年）》等文件，这些文件均对职业学校章程建设提出了相关要求。《国务院关于加快发展现代职业教育的决定》强调："职业院校要依法制定体现职业教育特色的章程和制度，完善治理结构，提升治理能力。"《全面推进依法治校实施纲要》（教政法〔2012〕9号）规定："依法制定具有自身特色的学校章程。""经过核准的章程，应当成为学校改革发展、实现依法治校的基本依据。"《职业院校管理水平提升行动计划（2015—2018年）》提出："依法制定和完善具有各自特色的学校章程，中职学校加快推进章程建设工作，高职院校完成章程制定工作，按要求履行审批程序并实施。"《依法治教实施纲要（2016—2020年）》规定："地方教育部门要结合实际，对普通中小学、职业学校章程建设提出指导意见，健全核准制度，加快推进章程建设。"

（二）教育法律法规对职业学校章程的规定

《中等职业学校设置标准》对职业学校章程的内容进行了规定："设置中等职业学校，应具有学校章程。学校章程包括：名称、校址、办学宗旨、学校内部管理体制和运行机制、教职工管理、学生管理、教育教学管理、校产和财务管理、学校章程的修订等内容。"

三、职业学校章程应该彰显的特色

（一）时代性

在职业学校章程建设过程中要将职业学校的人才培养目标贯穿始终，要突出中等职业教育在服务地方经济社会发展中的责任，自觉为建设学习型社会、构建终身教育体系服务。职业学校章程的内容既要从实际出发又要适当预留空间，富有弹性，从而使章程能够与时俱进。

（二）职业性

中等职业教育作为职业教育的重要组成部分，与基础教育、普通高中教育、高等教育有着明显的区别。职业学校章程不是大学章程或中小学章程的简单复制。在职业学校章程建设过程中要尤其注重发挥行业、企业的作用，厘清行业、企业在学校人才培养中的责任和权利，明确行业、企业参与制定人才培养方案、建构专业课程体系、开发教学资源等方面的要求。

（三）差异性

受隶属关系、地域、经济发展、文化等多种因素的影响，职业学校的办学历程、校园文化等存在较大差异。因此，职业学校章程要因校制宜，根据学校规模、原有制度基础等，结合本地区经济、社会、文化特点，认真梳理办学历史，提炼校园精神，总结办学理念、教育理念、人才培养等方面的特色，避免"千校一面"。

四、职业学校章程内容的安排

（一）法人特征

我国《民法通则》第三十七条明确规定，法人必须同时具备四个条件，缺一不可。一是依法成立，二是有必要的财产和经费，三是有自己的名称、组织机构和场所，四是能够独立承担民事责任。职业学校自批准之日起即取得法人资格。职业学校章程应当依据《事业单位法人证书》等相关文件，载明学校的登记名称（含简称、英文译名）、办学地址、机构性质、隶属关系、学制、办学规模、办学层次、教育形式、专业设置、经费来源等，使得社会人士通过章程就能全面认识学校法人的特征。其中，学校资产及财务管理可以单列一章，明确学校经费的来源渠道、使用原则和管理制度，接受捐赠的规则与办法等等。

（二）办学理念

办学理念是学校在办学实践的过程中所形成的理性认识，是一整套如学校发展定位、办学方向及办学目标等的理想追求的思想体系总和。现代职业教育是服务经济社会发展需要，面向经济社会发展和生产服务一线，培养高素质劳动者和技术技能人才并促进全体劳动者可持续发展的教育类型。这要求职业学校章程必须彰显学校的办学指导思想、办学宗旨、发展定位、发展策略等。如学校培养高素质劳动者和技术技能人才的指导思想和目标；学校开展社会服务工作的基本方式和路径等。

（三）内部治理结构

完善内部治理结构，是现代职业学校制度建设的重要内容，也是职业学校章程的核心内容。学校内部治理结构一般包括学校领导体制、组织结构、决策机制、民主管理和监督机制等。职业学校要全面推进现代职业学校制度建设，健全内部治理结构。职业学校章程中不仅要明确学校教育教学活动的基本原则，学校负责人及管理干部的产生与任命机制，校长作为学校法定代表人和行政责任人的职权范围，内设机构的组成和职责等，还要明确各类党政群团组织及学术性组织（含校务委员会、家长委员会、学生代表大会、职称评审与岗位聘用小组等）的职责、议事规则与运行机制等。

（四）师生权利义务

学校教职工是指学校依法聘用从事教学、研究、管理、教辅等工作的人员，包括教师、其他专业技术人员、管理人员和工勤人员等。其中，教师是学校办学的主体力量。学生是指被学校依法录取、取得入学资格、具有学籍的受教育者。职业学校章程要载明教职工管理、学生管理的相关制度或原则，明确师生的权利与义务，突出对师生权益、地位的确认与保护；明确师生权益的救济机制，以及师生申诉的机构与程序。如教师聘任、培训、考核、奖惩的基本原则，学生日常管理、评价、奖惩的基本制度等。

（五）学校与社会关系

职业学校的利益相关者包括校内的教师、管理干部、服务人员和学生（家长）以及校外的举办者、管理者、合作行业企业和校友。职业学校在制订章程时需要全面关注不同利益相关者的需求，准确定位各利益相关方在学校发展中的地位和作用，明确各自的权利与义务。职业学校要建立健全社会支持和监督的长效机制，在章程中载明学校开展社会服务、获得社会支持、接受社会监督的原则和方法。职业学校要注重加强协调学校与社会关系的相关平台的建设，如理事会、家长委员会、校企合作委员会、校友会等，在章程中载明上述组织的地位作用、组成办法和议事规则。

（六）文化传承创新

学校文化是职业学校核心竞争力之所在。章程中要用一定笔墨介绍学校的历史传统和文化成果，诸如办学历程、校训、校风、教风、学风、校徽、校色、校旗、校歌、校庆日等，为优秀校园文化的传播和发展奠定基础。职业学校可依据校情将学校文化精神、特色品牌等在章程中加以全面而精炼地阐述。

（七）章程的审议、核准及修改

职业学校章程可以由起草小组在多方收集资料、深入学习调研的基础上，拟制章程草案初稿。学校章程草案初稿经广泛征求意见和充分沟通、协商后，形成章程草案。章程草案经党政联席会讨论通过后，提交学校教代会审议讨论。学校教代会对章程草案审议后提出的修改意见和建议以会议决议的方式做出。章程草案经审定后，形成章程核准稿，由学校法定代表人签发后报教育行政主管部门核准。章程修订的程序与制定的程序相同。

第二节 "职教特质、地方特色"校园文化的构建

职业学校校园文化建设是一项长期而复杂的系统工程。只有全面认识"职教特质、地方特色"校园文化的内涵，遵循"育人为本、整体规划、全员共建、彰显特色、与时俱进"的原则，从营造校园环境、创设校园秩序、开展校园活动和培育校园精神入手，才能打造出具有"职教特质、地方特色"的职业学校校园文化。

一、"职教特质、地方特色"校园文化的内涵

校园文化，"就是在学校育人环境中，以学生为主体，以教师为主导，以促进学生成人成才为目标，由全体师生员工在教学、科研、管理、生活等各个

领域的相互作用中共同创造出来的一切物质和精神的成果。"① 校园文化是一所学校的灵魂，是一所学校凝聚力和活力的源泉。近年来，我国职业学校的校园文化建设取得明显成绩，涌现了一批先进典型。但与社会经济发展需要和人才培养需要之间，尚存一定差距。为进一步提高职业学校人才培养的质量，提高职业学校的软实力，提高职业学校服务地方经济社会发展的能力，必须推进"职教特质、地方特色"校园文化的建设。

"职教特质、地方特色"校园文化，是指职业学校在发展过程中融合先进企业文化、优秀地域文化及其他先进文化而形成的具有"职教特质、地方特色"的办学理念、精神风貌、价值取向和师生的行为规范。"职教特质"着眼于职业教育本身属性和职业学校人才培养目标，即校园文化建设按照职业教育的特点和规律，按照职业教育的办学理念和理想追求，尽可能突出"职"的特点，融进更多职业特征、职业技能、职业道德、职业理想和职业人文素质。"地方特色"着眼于职业教育使命及职业学校服务地方经济社会的实际，即职业学校依托各地区特有的自然资源、人文历史、传统特色、产业结构、天然禀赋，深挖在优秀地域文化、民族文化背景下的丰富资源，建设具有地方特色的校园文化。

从基本形态来看，"职教特质、地方特色"校园文化包括物质文化、制度文化、精神文化三个方面。物质文化是指能够为人们的感官所直接触及的一切物质性对象的总和，包括校园的地理位置、校内建筑、教研设备、道路设施、配套景观等。制度文化是学校各项规章制度的总和，是学校培养目标的规范化标本。精神文化是指学校所积淀和具有的办学理念、思想信念、价值倾向、精神产品、道德水平等精神财富。

从行为主体来看，"职教特质、地方特色"校园文化包括学生文化、教师文化和管理者文化三个方面。学生文化是学生群体具有的价值观、思维习惯和行为方式，是学生的主体精神。教师文化是教师在教育教学实践中形成与发展的对职业、学生、教育教学等一系列问题的价值观和行为方式。"管理者文化是学校管理者群体所具有的价值观念、思维方式、行为特点、工作作风以及领导作风等，它是学校管理者水平的集中体现。"②

从组成部分来看，"职教特质、地方特色"校园文化包括独特专业文化、特色课程文化、高雅活动文化、鲜活创业文化、优良班级文化、健康宿舍文化六个

---

① 史华楠，胡敏.论校园文化研究的几个基本问题[J].扬州大学学报：高教研究版，2000（3）：16
② 周建华，方凤玲.高职高专院校校园文化内涵的探讨[J].西安航空技术高等专科学校学报，2008（4）：11—12

方面。独特专业文化是指一定时期内专业本身所具有的价值观念，知识与能力体系及从事专业教学与研究的全体成员特有的精神风貌和行为规范。特色课程文化是指职业学校在课程教学中通过选择、整理和提炼而成的，反映课程价值观、课程规范、师生心态等方面具有职业教育特色的复合整体。高雅活动文化是指职业学校通过开展高品位、高格调、高层次的活动，让学生接受洗礼，得到启迪，感受温暖，受到激励。鲜活创业文化是指职业学校通过政策倾斜、课程指导、技术支持、资金扶持等手段，激发学生的创业意识，引导学生的创业行为，培植学生的创业能力。优良班级文化是指职校生以班级为单位，通过多种活动而形成的良好集体心理氛围、合理班级组织和健康交往行为。健康宿舍文化是指职校生在宿舍这一特定的空间所表现出来的健康向上的文化意识和行为。

二、"职教特质、地方特色"校园文化的构建原则

（一）育人为本原则

"学校的根本任务是育人，校园文化建设就是让学校成为一个'摇篮'、一个'熔炉'。校园文化建设不要脱离开育人这样一个根本目标，既要教育学生，也培育教师。"[①]办学校就是办文化，做教育就是以文化人。职业学校要通过校园文化建设，引导师生员工树立正确的世界观、人生观和价值观，形成共同的理想、信念和追求，充分发挥校园文化的育人功能。

（二）整体规划原则

校园文化建设是一项系统工程，涉及到学校的方方面面。职业学校要结合自身办学理念，按照职业教育发展规律，立足学校实际，制订科学合理的校园文化建设方案，并纳入学校总体发展规划中。同时，要成立学校党政主要领导任组长的校园文化建设领导小组，统一领导和指导学校校园文化建设，尤其要加强思想领导，保证校园文化建设的社会主义方向。

（三）全员共建原则

师生员工是校园文化建设的主体。在校园文化建设中，应注重培养师生员工对校园文化的认同感，充分挖掘他们的积极性和主人翁精神，既要发挥教职

---

① 王继平.建设有职业教育特色的职业学校校园文化［J］.中国职业技术教育，2008（2）：1

工的主导作用，又要承认和给予学生一定的话语权。此外，还应充分发挥党团组织、工会、教代会、学生会和有关学生社团在校园文化建设中的重要作用，将校园文化建设纳入各有关部门的日常工作中。

（四）彰显特色原则

由于学校规模、教育类型、办学历史、专业设置、地域特征等各不相同，校园文化除有共性特征外，还须有本校的个性特色，以显示其旺盛的生命力。职业学校校园文化建设要注重以专业理想、职业精神为引导，通过亲历践行，提升综合能力及素质，在突出职教特质、地方特色的基础上，打造校园文化品牌，为培养高素质劳动者和技能型人才营造优良成长环境。

（五）与时俱进原则

校园文化建设只有坚持以时代发展的要求审视自己，准确把握时代脉搏，从思想上正确引导全校师生员工，才能在社会主义精神文明建设中发挥应有的作用。这就要求职业学校校园文化建设要与时俱进，坚持弘扬时代主旋律，体现发展主题，培育时代精神，在主动变革中积极迎接挑战，促进校园文化与社会文化互动，在互动中不断生成、发展校园文化。

三、"职教特质、地方特色"校园文化的构建路径

（一）营造具有"职教特质、地方特色"的校园环境

校园环境是校园文化直观的、外在的反映，是构建职业学校校园文化的基础。校园环境包括自然环境和人文环境。

首先，在校园自然环境的建设中，要遵循职业教育的特点，突出专业特色，结合地域自然资源优势，统一规划教学区、生活区、运动区和生态区，使校园建筑、校园景观、实训室、教室、道路等自然环境给人以舒畅、整洁、美观的感受。同时，要让更多的学生参与校园绿化、美化和净化工作，让其感到自己是校园环境的主人，在优雅的校园环境中养成良好的文明习惯。

其次，在校园人文环境的建设中，要吸纳优秀的地域文化、民族文化和行业企业文化，结合学校特点，突出专业培养目标，充分发挥校训、校歌、校徽、校标、挂像、雕塑、碑铭、板报、光荣榜、公益广告等要素的激励、宣传

作用，努力使学校的每一间实训室、每一面墙壁、每一条走廊、每一个角落都有利于学生明确方向、增强信心、奋发有为。此外，要利用校报、校刊、校内广播电视、校园网等传播媒体来宣传劳动模范、技术能手、优秀毕业生，坚持对学生进行正面引导，让健康向上的校园文化占领校园阵地，坚决抵制各种有害文化和腐朽生活方式对学生的侵蚀和影响，营造良好育人环境。

（二）创设具有"职教特质、地方特色"的校园秩序

校园秩序是构建职业学校校园文化的保障。校园秩序包括教学秩序、人际关系、行为方式等。

首先，要建立科学、规范的教学秩序。职业学校要创建、完善教学规章制度，建立健全教学质量监测和保障体系，确保教学质量的稳步提高。如严格按照教育行政部门审定的教学计划和教学大纲认真组织教学，开全课程，开足课时；加强对学生实习阶段的管理；规范调课、代课、停课制度；严肃课堂纪律；通过设置相关课程体系，传播先进企业文化、优秀地域文化知识，形成独具特色的课程文化。

其次，要建立和谐的人际关系。学校领导之间要搞好团结，要处理好与教职员工之间的关系；教师之间要友好相处；教师要尊重学生，关心学生，爱护学生，努力成为成为学生健康成长的指导者和引路人；学校要鼓励学生积极交流，团结合作，友好相处。

最后，要规范师生员工的行为。一方面学校要规范教师教学工作，保证教学的中心地位，并定期对教师进行职业道德培训、明确教师工作职责，引导教师自觉践行师德建设要求，做到德高、博学、善教，发挥广大教师为人师表的道德榜样作用。另一方面要制订人性化且操作性强的学生管理制度，规范学生上课、实训、考试、请假、参加活动等各种行为。如要求学生实训时必须穿工作服、戴工作帽，必须排队进出实训室，培养学生的职业意识；以"月度新人""校园之星""十佳学生""十佳班主任助理"的评比等为契机，树立学生身边的典型和榜样，对学生进行行为养成教育，促进学生自我管理、自我发展。

（三）开展具有"职教特质、地方特色"的校园活动

"活动是校园文化中最具特色的内容，既承载和体现着校园文化的内涵，

又传承和发展着校园文化的内涵。"[①]职业学校校园活动包括技能竞赛活动、仪式庆典活动、文化娱乐活动、体育活动以及其他相关活动。

首先，要精心策划和实施具有职教特点的校园活动，充分发挥活动育人的作用。职业学校校园活动的开展不能仅仅停留在一般的趣味性与感官的愉悦上，应结合时代要求、职教特点和专业特色，充分考虑学生的年龄、身心特点和个体差异，把学生思想道德教育和综合职业能力的培养有机融入各项活动之中，把专题活动与经常性活动紧密结合起来，广泛开展文化活动、艺术活动、体育活动和技能竞赛活动，推动形成务实向上的校园文明风尚。

其次，要将优秀的地域文化、民族文化融入校园活动。优秀地域文化、民族文化资源中具有悠久历史的人文精神和文明遗迹是建设特色校园文化的丰富源泉。职业学校可以通过开展具有地域文化、民族文化特色的校园活动，彰显校园活动特色，打造校园文化品牌。

最后，要不断创新校园活动载体。学生社团作为校园文化的重要组成部分，承载着建设一流校园文化的重要任务。职业学校要完善学生社团的管理体制，加大对学生社团的扶持力度，建立学生社团评优机制，不断拓展学生社团活动空间。通过开展积极向上的社团活动，促进学生养成良好的心理品质、道德素质和文明行为。此外，要充分利用校报、校刊、校内广播电视、校园网、黑板报、橱窗、图书馆等载体，开展纯洁健康、富有特色的校园活动。

（四）培育具有"职教特质、地方特色"的校园精神

校园精神是校园文化的核心和灵魂，是一种人文和科学精神的融合，体现了全校师生共同的价值追求。校园精神包括广大师生员工共同的理想目标、精神信念、文化传统、学术风范和行为准则。

首先，要提炼概括具有鲜明时代特征和学校特色的校园精神。职业学校要结合地域文化、职教特色和专业特点，基于学校传统、时代要求及服务社会的实际，提炼概括学校办学理念、发展理念、管理理念、教学理念、服务理念、校训、校风、教风、学风、教学观、学生观、教师价值观、学生价值观等。其核心内容应该体现热爱专业、敬业乐群、团结协作、遵纪守法、诚实守信、多能力行、争先创优、开拓创新等精神。

其次，要充分利用各类载体宣传贯彻校园精神。一方面，在设计、使用和

[①] 孙庆珠. 高校校园文化概论 [M]. 济南：山东大学出版社，2008：5

管理校名、校徽、校旗、校服、校车、建筑物等器物时应能反映校园精神，起到树立学校形象，营造"职教特质、地方特色"校园文化氛围的作用。另一方面要利用校报、校刊、校内广播电视、校园网等传播媒体做好校园精神的宣传贯彻工作，努力做到内化于心、固化于制、外化于行，使校园精神成为激励、指导、陶冶全校师生员工奋发进取的重要精神力量。

第三节 基于扎根理论的新时代高职院校辅导员管理机制研究

2017年10月《普通高等学校辅导员队伍建设规定》（中华人民共和国教育部令第43号）指出"辅导员是开展大学生思想政治教育的骨干力量，是高等学校学生日常思想政治教育和管理工作的组织者、实施者、指导者"。新时代高职院校辅导员管理机制建设对提升高职院校辅导员管理内涵，提高高职院校辅导员工作能力具有重要导向作用。进入新时代，全面贯彻新时代高职院校立德树人根本任务，有效提升高职院校辅导员思想政治教育水平，需要对高职院校辅导员管理机制的内在机理进行深入探究，从而构建符合新时代要求的高职院校辅导员管理机制。在此框架下，对新时代高职院校辅导员管理机制进行研究，具有重要的实践意义和指导价值。

一、文献评述

目前，关于高校辅导员管理机制的理论研究相对较少，只有少数学者从理论层面进行了相关的探讨，朱正昌等对我国高校辅导员队伍管理中存在的问题进行了深入分析，对高校辅导员管理机制建设路径提出了建议和方法，对辅导员的培养方向和辅导员队伍的管理具有积极的参考价值[1]，但没有根本解决辅导员管理机制的影响要素和运行方式等关键问题。冯刚等从问题视角入手，着眼于辅导员管理机制建设中的核心要素，展开了逐一分析和解构，对高校辅导员管理机制研究的深化起到了重要作用[2]，但是没有明确"高校辅导员管理机制"的概念内涵和研究范畴，没有对这些核心要素进行系统的研究。

---

[1] 朱正昌.高校辅导员队伍建设研究［M］.北京：人民出版社，2010.
[2] 冯刚.论辅导员的专业化培养和职业化发展［J］.思想教育研究，2007（11）：13-15.

综上所述，在研究新时代高职院校辅导员管理机制的概念内涵、结构逻辑、运行规律等基础上，对"新时代高职院辅导员管理机制"进行系统分析研究，才能真正建立顺应时代发展需要的新时代高职院校辅导员管理机制。

二、研究设计

（一）研究方法

扎根理论是美国哥伦比亚大学社会学经典学派学者BarneyGalser和AnselmStraus在1967年提出的，扎根理论要求不能事先进行问题的理论假设，而是真实地通过实地调查访谈和资料收集来推动问题的深入研究，在采集整理大量资料的基础上，利用归纳总结的方法对扎根理论的编码、范畴进行提炼和修正，在满足理论饱和度检测要求后，确定一个能够反映和解释现象本质和意义的理论模型[1]。扎根理论将先入影响对现有问题的研究干扰降到最低，具有实证定性以及研究过程严谨、规范的优势，因此其产生的新理论更具真实性和信服力。

（二）理论抽样

理论抽样必须与研究的主题和目的相关，需要按照研究目的和研究设计的理论指引，抽取能为研究问题提供最大信息量的资料来获取对象。基于扎根理论问题导向和数据资料驱动原则，理论饱和是指研究样本或资料覆盖了研究情境的所有方面[2]。为了最大限度满足理论饱和度，笔者在研究的过程中不断逐步扩大样本数，直至新抽取的样本不再能够推展出新的概念和范畴后，才停止抽样，确立了清晰的理论框架模型。根据本课题实际研究需要，笔者先后选取了12所高职院校中24位担任管理辅导员工作的领导作为研究样本。

三、数据收集

（一）访谈对象

根据目前高职院校辅导员的日常管理主要是归口校学生工作处和二级学院

---

[1] 宋耘，王婕，曾子欣等.中国企业是如何重构全球价值链的？——基于扎根理论的研究[J].南开管理评论，2021（4）：16-23.

[2] 李娟，聂勇.基于扎根理论的农业供应链金融创新内在机理探究[J].财会月刊，2021（10）：145-152.

党总支的实际情况,所以从选取的 12 个高职院校中分别选取一名学工处领导和一名二级学院党总支学工管理领导共 24 人作为访谈对象。同时,为了确保调查访谈的随机和时效性,本课题组对受访者的选用条件进行了合规限制,受访者必须满足担任学工领导职务满两年以上的条件。经过筛选,其中男性领导 8 人,女性领导 4 人(表 6-1)。

表 6-1 访谈对象基本资料

类别	参数	人数	占比
性别	男	8	66.67%
	女	4	33.33%
年龄	35 岁及以下	2	16.67%
	35—40 岁	7	58.33%
	40 岁及以上	3	25.00%
学历	本科	7	58.33%
	研究生及以上	5	41.67%
管理年限	2—5 年	5	41.67%
	5—10 年	4	33.33%
	10 年及以上	3	25.00%

(二)访谈纲要

为了调查访谈能够切合研究的主题,在借鉴专家意见和相关研究的基础上,纲要初步拟定了 8 个方面的谈话问题,主要包括受访者的基本信息、辅导员的能力要求、辅导员的发展前途等。相关访谈结束后,对所有记录资料进行分类整理,提炼资料蕴含的概念和范畴,进一步明确研究方向。实时动态地根据访谈资料情况修正访谈纲要,确保符合理论饱和度条件。

(三)访谈过程

本课题采用面对面半结构化的方式对受访者进行深度访谈,由两名课题组成员协同开展。首先向受访者明确告知此次访谈的目的,清晰告知访谈的主要内容;访谈过程中要求受访者针对敏感问题可以不回答,但是不能模棱两可或者违背真实性,访谈时间限定在 30 分钟之内;访谈结束后,研究人员对访谈记录进行整理,然后交给每位受访者确认是本人的真实意见表达,以确保访谈资料真实有效。最终收集到8万字访谈记录。依照扎根理论的研究规定,随机抽取出18份访谈资料用于编码分析和模型构建,剩余6份文本用于理论饱和度检验。

四、数据分析与模型构建

(一)开放式编码

开放式编码是指对所获得的原始资料逐字逐句进行分析、记录,并进行初始概念化,然后把资料记录以及抽象出来的初始概念打破、揉碎并重新整合后发掘概念和范畴的过程①。根据开放编码的要求,先对访谈资料中有关辅导员管理的资料进行编码,然后通过整理形成初始概念,再从中提炼出24个范畴及其下属的76个概念,如表6-2所示。

表6-2 开放式编码分析举例

原始资料(摘录部分)	开放编码—初始概念化(一级编码)	开放编码—概念化(二级编码)	范畴化副范畴
……学校每年根据学生人数和辅导员需求数制订辅导员的招聘计划(a1),一般会通过省人社厅和学校网站发布招聘通知(a2)……我们学校目前招聘辅导员要求是党员,曾经担任学生干部,比较看重应聘人员的政治素质(a3)……目前国家层面已经非常重视辅导员的成长和培养,希望每个辅导员成为学生管理某个领域的专家(a18),学校层面政策落实相对滞后,只是给辅导员进行常规的培训,还没有引导辅导员朝着某个专业方向发展(a19)……学校和学院两级部门对辅导员进行考核。主要对出勤、任务执行、工作职责进行考核(a32),或者工作中失职行为进行考核,一般都是主管负责人负责考核(a33),最终将考核情况汇报给人事处……学校现在辅导员中间试行淘汰退出机制,连续两年考核不合格的辅导员要求离岗接受辅导员上岗培训,如果还是不合格,要求转为学校后勤辅助人员(a65)……	a1辅导员招聘根据学校实际情况 a2辅导员招聘的发布和活动途径 a3招聘辅导员的选拔要求……a18国家对辅导员未来发展的方向定位 a19地方高职院校目前对辅导员培养相对滞后……a32考核主要对出勤、任务执行、工作职责进行考核 a33一般都是辅导员主管负责人负责考核……a65辅导员考核不合格会离岗培训和转岗……	A1按需求制订招聘辅导员计划(a1)A2辅导员需求信息公开发布(a2)A3政治情况是辅导员前提条件(a3)……A12辅导员的培养方向和现状(a18、a19)……A26日常工作履行情况考核(a32)A27分管领导行使考核权(a33)……A42不合格辅导员会安排退出(a65)……(共76个概念)	B1招聘计划(A1、A6)B2招聘信息(A2)B3应聘条件(A3、A18)……B6专业化发展(A12)……B8考核内容(A26、A33)B9考核主体(A27)……B12优胜劣汰(A65)……(共24个副范畴)

———————
① 陈晓萍,徐淑英,樊景立.组织与管理研究的实证方法[M].北京:北京大学出版社,2012.

（二）主轴编码

主轴编码是在开放式编码的基础上进行深层次编码，通过分析归纳总结，厘清各范畴的内在逻辑关系，将各独立的范畴进行聚类和定义，可以使散乱的资料进一步整合，提高范畴的核心度，凝练出相关的主范畴和副范畴。笔者据此对范畴进行归类和抽象，共得出 14 个主范畴，如表 6-3 所示。

表 6-3 主轴编码后的主范畴结果

维度	主范畴	对应范畴	范畴内涵
选拔	C1 选拔标准	B3 应聘条件	对应聘人员提出的个人竞聘工作时需具备的条件
	C2 选拔途径	B1 招聘计划	开展招聘工作前制定的人员需求人数和条件
		B2 招聘信息	发布工作需求人员和条件等让人应聘的信息
	C3 选拔程序	B7 公开、公正性	组织管理实践的公开、透明程度
培养	C4 培养目标	B6 专业化发展	专业化是指职业群体成为专门职业并获得相应专业地位
		B11 职业化发展	职业化就是一种工作状态的标准化、规范化、制度化
	C5 培养方式	B13 定向培养	朝着某个专业领域进行针对性的培养
		B10 职业能力培养	对从事某个职业所需具备的工作能力进行培养
	C6 培养对象	B14 优才计划	对优秀人才围绕其特点进行重点培养
晋升	C7 晋升渠道	B15 双轨制发展	根据国家政策辅导员可以走职称和职务两条线晋升
		B16 晋升"肠梗阻"	晋升过程中遇到一定的障碍
	C8 晋升程序	B4 晋升政策合理	晋升的规章制度有针对性和可操作性
		B5 晋升流程透明	晋升的所有过程能够公开接受检验
考核	C9 考核方式	B8 考核内容	考核的具体方面和工作
		B17 绩效管理	绩效计划、实施、考核、评估实践情况
	C10 考核要求	B18 严格制度	通过对各项制度的执行情况进行工作考核
		B19 积分排名	根据对各项工作完成情况的得分进行排名
	C11 考核反馈	B9 考核主体	实际执行考核工作并给出考核结果的人员
		B20 考核效果评估	对实行的考核工作所起到的促进作用进行评价
淘汰	C12 淘汰标准	B12 优胜劣汰	职场中在挑选员工时都需要认同的残忍的"条例"
	C13 离岗培训	B21 暂停工作	由于不能胜任工作而暂停继续工作
		B23 重新岗前培训	没有达到岗位工作能力必须进行适岗的培训
	C14 离职转岗	B24 调离岗位	由于无法完成所在岗位工作而离开原岗位
		B22 合理安置	对不能胜任原来岗位的人员重新安排适合的岗位

（三）选择性编码

选择性编码是从主范畴中挖掘出核心范畴，并分析核心范畴与主范畴及其他范畴的联结关系。该过程的主要任务包括：识别出能够统领其他所有范畴的"核心范畴"；用所有资料及由此开发出来的范畴、关系等扼要说明全部现象，即开发故事线[①]，如表6-4所示。

表6-4 主轴编码的典型关系结构

核心范畴	关系结构	关系结构的内涵
辅导员选拔的科学性	辅导员<——>岗位	科学地选拔出合适的人做辅导员是辅导员管理机制正常运转的前提，它包含辅导员职业特征与岗位需求的匹配关系
辅导员培养的导向性	辅导员<——>专业	引导辅导员走职业化、专业化发展道路是辅导员管理机制的稳定运行的基石，它包含辅导员职业导向与专业化的导向关系
辅导员晋升的公平性	辅导员<——>前途	确保辅导员公平参与晋升是辅导员管理机制正向激励的核心，它包含辅导员个人发展与前途期许的统一关系
辅导员考核的规范性	辅导员<——>考核	辅导员考核管理规范化是辅导员管理机制执行到位的保障，它包含辅导员工作要求与考核管理的衔接关系
辅导员淘汰的必要性	辅导员<——>退出	对不合格辅导员必要的淘汰退出是辅导员管理机制良性循环的标配，它包含辅导员合格评定与优留劣退的对应关系

（四）模型构建

全面分析访谈原始资料，对范畴内涵进行挖掘，进一步思考范畴的内在关系，最终得出"选拔—培养—考核—晋升—淘汰"这一核心范畴。由这一核心范畴拓展故事线：科学地选拔出合适的人做辅导员是辅导员管理机制正常运转的前提，引导辅导员走职业化、专业化发展道路是辅导员管理机制稳定运行的基石，确保辅导员公平参与晋升是辅导员管理机制正向激励的核心，辅导员考核管理规范化是辅导员管理机制执行到位的保障，对不合格辅导员必要的淘汰退出是辅导员管理机制良性循环的标配。由此笔者设计和构建出一个辅导员管理机制内在机理模型，叫作"新时代高职院校辅导员管理机制内在机理"模型，简称"I-STPAE"模型，如下图所示。

（五）可信度及理论饱和度检验

利用信度检验对研究进行检验，将35%的样本进行检验，采用公式

[①] 白凯.旅华美国游客目的地城市色彩意象认知研究［J］.地理学报，2012（4）：557-573.

$R=n×K/[1+(n-1)×K]$ 来检验，得出信度 R 的 K 系数为 0.753，大于可信度阈值 0.7 的要求，说明数据有效。本研究对预留的 6 份样本进行理论饱和度检验，共得出 38 个初始概念，原有核心范畴能够将其全部覆盖，并且没有产生新的范畴、典型关系及构成因子，符合"新时代高职院校辅导员工作管理机制内在机理模型"的核心范畴，达到理论饱和原则要求，说明该内在机理模型设计完全合理（图 6-1）。

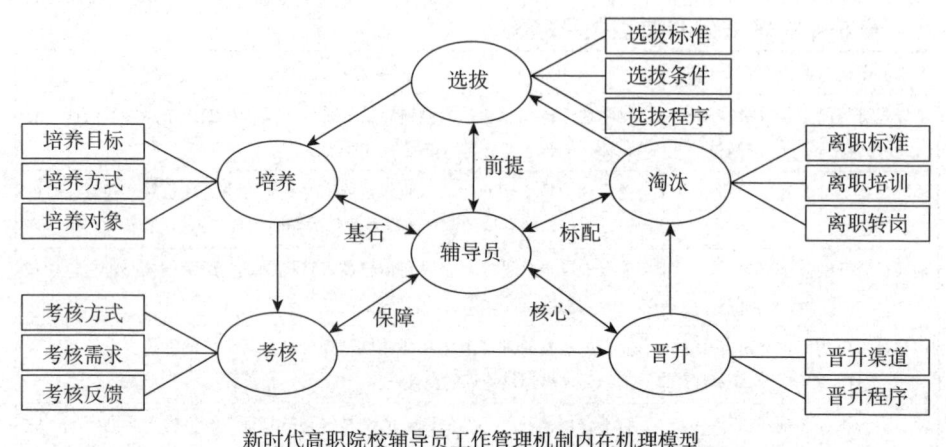

新时代高职院校辅导员工作管理机制内在机理模型

图 6-1　新时代高职院校辅导员工作管理机制内在机理模型

五、模型阐释

（一）科学地选拔合适的人才是新时代高职院校辅导员管理机制保持正常运转的前提

新时代高职院校辅导员是学生思想政治工作和日常管理的中坚力量，对于学生的成长成才至关重要，关系到新时代高职院校立德树人根本任务能否顺利完成。政治路线确定之后，干部就是决定的因素，因此选拔出合适的人才是建设一支对党忠诚、工作热情、业务精通、专业化的高质量新时代高职院校辅导员队伍的充要条件。根据访谈结果发现，由于长期以来根深蒂固的偏见，目前很多高职院校对辅导员的选拔缺少科学严谨的标准和程序，通常只对政治面貌和学历条件作一定要求，没有通盘考虑学校和二级学院招聘辅导员岗位对辅导员开展学生教育实践活动所需的专业和能力要求，没有利用好招聘条件辅助筛选出符合基本条件的人，常常造成招聘的人员不能胜任辅导员岗位，不能完成国家和学校规定的辅导员工作任务。此外，部分高职院校由于各种原因不能按国家规定的 1∶200 比例来制订招聘计划足额配备辅导员，使得辅导员不得不身兼数职，疲于应付各项学生工作，客观上影响了工作实效。现在绝大多数高职院校能够严格按照国家要求公开发布辅导员招聘信息，做到选拔过程的公正公平，并且采用笔试与面试相结合的招聘形式，但仅仅依靠一般的笔试、面试无法完全筛选出适合从事高校辅导员工作的应聘者。因此，只有构建一套科学严谨的选拔机制，才能选拔出人岗匹配的辅导员，才能保持新时代高职院校辅导员管理机制正常运转。

（二）引导辅导员向职业化、专业化方向发展是新时代高职院校辅导员管理机制长期稳定运行的基石

教育部明确高校辅导员队伍向职业化、专业化方向发展为我国高校辅导员队伍建设指明了方向。当前国家和省级层面对高校辅导员都单列了培训项目来引导和培养辅导员走职业化专业化的路线，鼓励他们长期终身从事辅导员工作。但是对于高职院校层面，辅导员培养政策没有得到完全落实，学校层面提供的辅导员职业化专业化发展的资源与渠道相对较少，大多数辅导员得不到定向的专业职业能力培训，职业能力长期得不到提升，长此以往直接影响了辅导员教书育人的效果。高职院校辅导员队伍"职业化、专业化"建设推进力度不大，促进辅导员职业化、专业化发展的长效机制尚未形成，一定程度影响了辅导员的工作满意度，降低了辅导员职业的社会认同度，导致辅导员由于缺乏职业归属感而要求转岗或转行。高职院校辅导员的频繁流动加大了学校的人力和培训成本，使高职院校更不愿意花费时间和精力对辅导员进行培训培养，这样的死循环使得高职院校辅导员队伍不仅不稳定，而且无法培养出辅导员工作领域的优才专家，辅导员承担的"为党育人，为国育才"任务无法顺利实现。因此只有认真落实国家关于辅导员职业化、专业化发展政策，才能稳定辅导员队伍，才能使高职院校辅导员管理机制长期稳定运行。

（三）规范化进行辅导员考核管理是新时代高职院校辅导员管理机制严格执行到位的保障

通过访谈资料可以看出对新时代高职院校辅导员考核管理逐渐趋于科学合理。首先各高职院校建立包括学校、二级学院、学生评价的辅导员工作的评价体系，明确相对全面的考核评价内容，基本能够做到对辅导员工作进行量化考核和积分排名；其次是各高职院校能够严格各项管理制度，将目标管理与岗位责任有效结合，辅导员工作有章可循；最后各高职院校基本都实行绩效管理办法，在薪资待遇、职务提拔、进修深造、岗位补贴等方面奖优罚劣。但是从考核管理的具体实施过程来看还存在以下问题，一是高职院校辅导员工作繁杂烦琐，很多工作无法转化成考核指标，也难以进行量化考核；二是评价方式缺乏多元化，目前高职院校以结果性评价为主，只看工作结果，忽略了过程性评价，这种评价方式容易造成短视效应，对辅导员的长期成长不利；三是考核主体的主导性不明确，目前高职院校对辅导员的考核是学校、二级学院两级考核，多重考核管理导致辅导员处在多头管理、多主体考核之下，辅导员工作往往顾此失彼不能有序进行。因此，高职院校应该进一步规范辅导员工作的考核体系，确保辅导员管理机制严格执行到位，科学、严谨、规范地将新时代高职院校辅导员工作的成效真实全面地展现出来。

（四）确保辅导员能够公平参与晋升是新时代高职院校辅导员管理机制发挥正向激励作用的核心

美国著名心理学家 VictorH.Vroom 于 1964 年提出期望理论，即"一个人实现目标的成功概率越大，其内在的动力就会越强烈，工作积极性也就越高"。同样新时代高职院校辅导员对个人的前途和发展抱有较大期望，希望在做好辅导员工作的同时，个人也能得到很好的发展。虽然教育部明确了辅导员既是教师又是管理者的双重身份，辅导员晋升是双轨制，职称和职级可以根据自身情况自由选择，但是政策要真正落地，非常困难。很多高职院校因为教师编制和管理岗位数量的限制，无法针对辅导员落实相应的晋升政策，辅导员由于平时学生管理琐事繁多无法全身心开展教学科研，需要和专业教师竞争职称晋升名额，相比处于劣势，因此不能顺利晋升职称，而管理岗位数量稀少，职级晋升更是希望渺茫。调查访谈表明辅导员高级职称和管理岗干部比例偏少，说明国家关于辅导员"双轨晋升"的激励机制并没有落到实处。高职院校辅导员无法根据自身职业特点公平地参与晋升竞争，感到个人发展希望迷茫，容易产生职业懈怠感，严重挫伤其工作积极性。因此认真落实国家政策，制订一套公平的符合辅导员发展规律的"双轨晋升"制度是新时代高职院校辅导员管理机制发挥正向激励作用的核心所在。

（五）对不合格辅导员必要的淘汰是新时代高职院校辅导员管理机制维持良性循环的标配

新时代高职院校辅导员淘汰与退出机制的实施目的不是为了"淘汰"而是在于有效"管理"，最终指向于培养出专业化、专家化的辅导员。长期以来，由于体制原因高职院校辅导员淘汰与退出机制形同虚设，"干多干少、干好干坏"一个样，优秀的辅导员无法脱颖而出，不能胜任的辅导员无法淘汰退出，造成高职院校辅导员队伍活力不足。正如"劣币驱逐良币"的逆向淘汰原理一样，在一个未建立起良好的淘汰机制的组织中，当表现不佳的员工（劣币）没有被淘汰掉，结果将导致表现优秀的员工（良币）离开。实际上《中华人民共和国教师法》规定了教师的退出淘汰细则，只是现实学校管理过程中并未有效实施。随着新时代高职院校绩效工资和职员制制度的稳步推进，辅导员队伍的优胜劣汰成为学校发展的现实需求，对辅导员考核管理中经两次培训仍然不能胜任工作的，必须通过转岗或解聘的方式调整出辅导员队伍。只有调动辅导员对工作积极专研的态度，才能建立一支优秀的、生机勃勃的辅导员队伍，从而维持新时代高职院校辅导员管理机制的良性循环。

六、研究结论与政策建议

（一）研究结论

新时代高职院校辅导员管理机制研究是高职院校辅导员理论研究中的热点，对于制定和调整高职院校辅导员各项管理制度具有重要参考价值。笔者在调查访谈的基础上，采用扎根理论质性研究方法，通过开放式、主轴、选择性编码以及理论饱和度检验一系列流程，构建"新时代高职院校辅导员管理机制内在机理"模型——"I-STPAE 模型"，这一模型能很好地解释"选拔—培养—晋升—考核—淘汰"这一新时代高职院校辅导员管理机制内在机理。

（二）政策建议

第一，完善适应新时代高职院校辅导员管理需要的选拔准入机制。在充分调研学校和二级学院招聘辅导员岗位对所需辅导员的专业和能力要求的基础上，严格按照政治素质第一的原则，规划出符合岗位需求的辅导员应聘条件，根据国家规定和学校实际规模合理制订辅导员招聘计划，针对"笔试＋面试"选拔方式的缺陷，精细化设计选拔方式，在入口处将具备优良政治素质、宽泛知识背景、有学生管理潜质和工作能力并适应辅导员工作岗位的人选拔出来。通过严格的选拔标准、周密的选拔计划、科学的选拔方式和公正的选拔程序为新时代高职院校选拔出合格的辅导员。

第二，构建符合辅导员职业化、专业化发展要求的新时代高职院校辅导员培养机制。紧跟时代要求，创新培养模式，建立岗前入职、日常管理、专题研讨、职业化专业化四种培训融会贯通，集管理、教学、科研三位一体的高职院校辅导员培养常态机制。依托国家、省级辅导员培养计划，通过学习考察、专题讲座、挂职锻炼等多种方式提升辅导员业务水平和专业素质，以此优化高职院校辅导员培养机制体系。帮助辅导员设计前景广阔的职业和个人发展规划，引导辅导员走职业化专业化发展路径，使其能够成为辅导员工作领域的专家。

第三，设计并实施规范化、人性化的新时代高职院校辅导员考核激励机制。高职院校辅导员考核机制要把考核主体、考核内容、考核指标、结果反馈进行细化，使辅导员考核机制具有可操作性；考核过程中坚持目标与过程考核相结合、定性与定量考核相结合，通过全面、公平、规范的辅导员考核去引导辅导员改进工作中的不足，强化工作中的责任担当意识，激发工作中的主动性；通过辅导员考核在辅导员队伍中营造激励上进、奖优罚劣的工作氛围，为辅导员创造风清气正的成长环境。

第四，全面落实国家政策，认真执行新时代高职院校辅导员"双重身份，双轨晋升"的职称职务晋升机制。根据辅导员工作的特殊性，在辅导员专业职称的晋升过程中，充分采纳辅导员的平时工作实绩，按照单独标准、单独指标、单独评审的办法确保辅导员能够公平地参与学校职称晋升。另外，根据辅导员的从事专业工作的年限及工作中的业绩，经过考核担任或享受相应级别的行政待遇。通过发展通畅的"双轨晋升"机制提高辅导员的职业荣誉感和使命感，激发高职院校辅导员长期从事该职业的信心和决心。

第五，坚定审慎地推行新时代高职院校辅导员淘汰与退出机制。任何行业都应实行"有进有退"的淘汰与退出机制，才能使管理体制维持良性循环。辅导员淘汰与退出机制本质上是一种人力资源管理制度，在辅导员工作中实行这种制度可以引入良性竞争，将少部分不能胜任辅导员岗位的人员淘汰出去可以起到震慑和警示作用，可以解决辅导员资源流动性不足问题，鼓励辅导员积极进取，让每个辅导员能够不断提升业务素质和工作能力，从而推动整个队伍的高质量建设。

七、不足与展望

本研究基于扎根理论，对新时代高职院校辅导员管理机制进行了探索性研究，构建了一个"新时代高职院校辅导员管理机制内在机理"模型，简称"I-STPAE"模型，丰富了现有新时代高职院校辅导员管理机制的研究，为今后继续进行相关方面的研究提供了支持。然而，本研究尚存一些局限性，受限于扎根理论质性研究的属性，研究中难免会出现少量的主观误差，而且，作为探索性的研究，本研究构建的"I-STPAE"模型难免有概念重叠、关系冗余等缺陷，后续研究可以通过扩大样本数量及解决典型性限制，继续改善该模型。未来可以跟进以下研究：一是利用实证数据和系统动力学方法对扎根理论得出结论的可靠性进行验证和扩展；二是本研究的访谈对象是高职院校分管辅导员的干部，对研究结果的普适性会有影响，将来的访谈对象可以覆盖专业教师、辅导员、学生等更多样化的群体。

第四节 高职院校党风廉政建设路径探析

加强反腐倡廉建设是由我们党的性质和宗旨决定的，是加强党的执政能力建设的必然要求，是保障社会和谐稳定的必然要求，是在全社会形成健康向上的精神风貌的必然要求。同时，也是高职院校做好各项工作，凝心聚力，同舟共济，推动学校又好又快发展的基础和保障。

一、落实党风廉政建设责任制，构建反腐倡廉责任体系

（一）建立反腐倡廉领导体系和工作机制

坚持以新时代中国特色社会主义思想为指导，全面落实新发展理念，坚持"标本兼治、综合治理、惩防并举、注重预防"的方针；坚持围绕中心，服务大局，改革创新，统筹推进，重在建设的基本要求；坚持"党委统一领导，党

政齐抓共管、纪委组织协调,部门各负其责,依靠群众的支持和参与"的领导体制和工作机制。学校成立党风廉政建设领导小组,学校党委书记任组长,纪委书记任副组长,具体组织和实施党风廉政建设责任制规定的各项工作;成立纪检监察工作委员会和纪检监察办公室,充实纪检监察力量,加大纪检监察力度;邀请民主党派及无党派人士担任特约监察员,强化党外监督。

(二)党委全面担负反腐倡廉建设的责任

学校党委作为反腐倡廉建设的责任主体,担负全面领导反腐倡廉建设的政治责任。党委围绕学校的根本任务,把党风廉政建设纳入各级领导班子、领导干部目标管理,与学校中心工作和其他业务工作紧密结合,列入党委重要议事日程,纳入学校发展总体规划,每学期专题研究反腐倡廉工作1-2次。党委主要负责人对学校反腐倡廉工作亲自部署,重大问题亲自过问,重点环节亲自协调,重要信件亲自批阅,重要案件亲自督办。根据上级关于党风廉政建设工作的部署、要求和学校的工作安排,及时召开有关会议,部署党风廉政建设各项工作。

二、立足教育,充分发挥教育在反腐倡廉建设中的基础性作用

(一)建立健全反腐倡廉宣传教育机制

认真落实"党委统一领导、纪委组织协调、职能部门具体实施"的要求,把反腐倡廉宣传教育纳入学校党的宣传教育工作部署,统一规划,统一要求,统一实施。学校党委把反腐倡廉宣传教育工作纳入总体部署,对如何加强反腐倡廉宣传教育提出具体要求,形成党政齐抓,宣传、纪检监察、组织人事、学生工作等职能部门共管的反腐倡廉宣传教育机制。

(二)形成多层面的反腐倡廉教育格局

在党员领导干部层面,着重抓好党性党风和政治纪律宣传教育,采取中心组学习会、专题学习会、民主生活会等形式开展学习,以优良的作风促教风、学风、校风、政风,保障学校各项工作的落实和各项事业的科学发展。在普通教职工层面,抓好职业道德和廉洁宣传教育,强化师德宣传,不断提高广大教师廉洁从教、为人师表的自觉性,筑牢思想道德和党纪国法两道防线。在学生

层面，抓好学生的廉洁意识教育工作，结合职业院校学生的特点，突出正面教育，把廉洁教育渗透到课堂教学、校园文化、党团活动和社团活动中。

（三）坚持示范教育和警示教育相结合

坚持示范教育和警示教育相结合、自律与他律相结合，开展法律法规、财经纪律等内容的教育，树立党员、干部遵纪守法观念，增强拒腐防变意识，预防各种违纪违法案件的发生。通过开展学习反腐倡廉教育读本活动，组织观看反腐教育纪录片，切实加强对领导干部的警示教育，特别是注意加强对包括管理人、财、物的人事、招生、基建、后勤等重要部门和重点岗位工作人员的教育。

（四）大力提高广大教师职业道德水平

通过评选优秀教师、优秀教育工作者、师德标兵等活动，大力开展表彰和树立优秀教师先进典型等宣传教育活动，弘扬淡泊名利、廉洁从教、学为人师、行为世范的优良学风教风。利用学校宣传专栏、校园网对先进个人的事迹进行广泛宣传。通过大力表彰先进典型，让教职员工向长期从事一线教学工作、师德高尚、教学效果好的优秀教师学习，在全校形成关注教学、关注名师的良好氛围。在大力树立优秀教师等先进典型的同时，实行师德评价结果在教师晋升、评奖等一票否决制。

三、完善制度，充分发挥制度在反腐倡廉建设中的保障性作用

（一）健全领导班子科学民主决策机制

坚持民主集中制原则，按照党委领导下的校长负责制要求，建立健全决策权、执行权、监督权相互制约又相互协调的权力结构和运行机制。严格按照"集体领导、民主集中、个别酝酿、会议决定"的原则，凡涉及重大决策、干部任免以及应由集体讨论决定的其他重大事项，均由校党委集体讨论决定；成立校务委员会，并根据人员岗位变动及时调整成员，切实提高学校决策的民主化、科学化水平；明确党政联席会、校长办公会的议事规则和决策程序。

（二）健全和完善学校的各项规章制度

全面具体地规定和明确党务、校务公开的内容、形式、组织领导、程序和责

任等；完善、规范干部人事制度，坚持民主推荐、民主测评等；完善人才引进和人员招聘制度，严格执行人员编制，完善师资队伍结构，加强学术梯队建设；完善基建维修、教学设备采购招标制度；建立健全经济责任审计制度，全面推行中层领导干部经济责任审计，实行校各级人员经济责任制；健全专业技术职务评审和教职工岗位聘任制度，建立专业技术职务评审和职工岗位聘任委员会；完善各项学生管理工作制度，制定学生违纪处分及申诉、学生干部选拔与管理、学生评先评优、贫困学生资助、勤工助学管理、学生征兵入伍选送及优待优抚办法和奖学金、助学金、学生活动经费管理办法以及学生就业推荐、管理等制度；完善科研项目和经费管理制度，规范学校科研成果、无形资产参股行为。

四、加强监督，切实发挥监督在反腐倡廉建设中的关键性作用

（一）加强干部人事的管理和监督

选拔任用干部按照"集体领导、民主集中、个别酝酿、会议决定"的要求，充分发扬民主。学校任用中层干部要经党委会或党委扩大会议集体讨论决定，到会的党委对任免事项发表同意、不同意或缓议等明确意见，对意见分歧较大或者有重大问题不清楚者，暂缓作出决定。对影响作出决定的问题及时查清，避免久拖不决。对干部任免的决定都经应到会成员半数以上同意。

（二）加强内部财务的管理和监督

加强对收费的监督。加强对财务预决算执行情况审计，财务收支情况审计，工程项目跟踪审计和竣工决算审计，固定资产报损、报废和科研项目审签，领导干部届中和离任经济责任审计及审计调查等。对教学经费、学生活动与学生资助经费、科研管理经费、设备购置经费、后勤校产管理经费等大宗经费的管理、使用、效益进行专项审计。实施财务公开，每年向教代会报告年度财务预算执行和决算情况。严格执行"收支两条线"规定，加强预算外资金管理。定期组织开展"小金库"专项治理工作，坚决禁止"小金库"，开展"小金库"专项清理工作。

（三）加强基建项目的管理和监督

在领导体制上，学校成立由纪检监察、审计、工会等部门成员组成的基建

工程监督小组。基建工作领导小组负责对基建工作中重大问题进行研究。基建处负责校党委决策的实施，派出技术人员对工程的施工质量进行管理，监察处、审计处配合对工程建设进行全程监督与审计。在运行机制上，分别对工程的立项报建、工程招投标、工程项目进度款的支付、工程项目结算及工程项目变更等业务流程做明确的规定，并严格执行。

（四）加强物资采购的管理和监督

统一组织实施对仪器设备、教学器材、药品、医疗器械、图书资料等大宗物资的采购。政府采购范围的项目全部依法实施采购。纳入集中采购的项目都执行集中采购，且按照各项目的情况选择规范的采购方式采购。每次开标，除了按规定选派用户代表外，监察处、资产管理处都派人到招标现场，加强监督。

（五）加强科研经费的管理和监督

所有科研经费严格纳入学校财务统一管理，集中核算，专款专用。建立健全科研经费使用和管理的监督约束机制，切实提高科研经费使用效益。一是设立规范合理的使用流程，所有经费的使用都必须在流程内发生，保证经费使用的规范性合理性；二是加强制度建设，通过出台管理办法，严格遵循各级各类科研项目的相应经费使用办法，专款专用，杜绝浪费及滥用，切实提高科研经费使用效益。

（六）加强评审工作的管理和监督

学校成立教学委员会，成员由各二级单位的学术带头人和学术骨干组成，教学委员会的作用在于规范全校的各类教育教学和学术活动，引导学校的教育教学和学术科研往既定的方向发展。各级各类有申报限额的校外项目的评审、课题的申报都必须召开教学委员会，经教学委员会讨论通过后，才能予以上报、发布或实施，每次教学委员会的召开都必须有超过半数的委员参与。

（七）加强招生工作的管理和监督

强化纪律教育，提高招生工作人员廉政建设的意识，切实做好招生录取工作。建立"重大问题、招生录取原则，由学校招生领导小组集体讨论决定，录取结束向学校党政领导汇报"制度。加强招生就业网建设，及时更新网站信息，保障招生政策公开、招生资格公开、招生计划公开、录取信息公开、申诉渠道公开、违规处理公开。加强电话通道、网页建设，保证信息公开渠道畅通。

五、惩防并举，充分发挥惩处的警示教育作用

（一）重视信访举报工作，强化廉政监督预警

结合当前反腐形势及特点，充分运用现代科技手段，创新信访举报工作机制。一是进一步完善群众来信来访接待及办理制度。对具真实姓名的举报信，切实保护好举报人。对匿名举报信，如能提供有用线索，也进行认真调查。对举报不实的作出解释，对恶意诬陷的，进行严肃批评。二是探索网络举报工作机制。开设校长信箱，拓宽监督主体的监督途径。三是健全和完善纪检监察定期"巡视"制度。通纪检监察干部定期到基层巡视，了解和掌握更多的线索，切实强化廉政监督预警。

（二）坚持依纪依法办案，强化惩戒警示作用

认真查处违纪案件和核实群众来信来访工作，根据来信来访及群众的举报，认真开展案件调查取证工作，受理调查各类投诉、信访、举报。通过查处违纪案件和核实群众来信来访工作，进一步强化惩处的警示教育作用。

（三）完善案件通报制度，发挥警示教育功能

坚持和完善"一案两报告"制度，通过深入剖析案件，一方面通过案件通报的形式，对广大教职工进行廉洁教育和警示教育；另一方面通过案件剖析，查找管理中存在的问题和漏洞，有针对性地完善管理制度和工作机制，及时堵塞漏洞。在坚决打击惩处违法违纪案件的同时，我们注意建立和完善保障被调查人的制度善案件通报制度，发挥警示教育功能。

参考文献

[1] 齐学红，黄正平.班主任专业基本功［M］.南京：南京师范大学出版社，2014.

[2] 任俊泻给教育者的积极心理学［M］.北京：中国轻工业出版社，2010.

[3] 胡斌武.特区高校思想政治理论课程教学创新研究［M］.北京：人民出版社，2009.

[4] 李镇西.做最好的班主任［M］.桂林：漓江出版社，2008.

[5] 宋秋前.有效教学的理念与实施策略［M］.杭州：浙江大学出版社，2007.

[6] 柳礼泉.大学思想政治理论课实践教学研究［M］.长沙：湖南大学出版社，2006.

[7] 邓泽民，赵沛.职业教育教学设计［M］.北京：中国铁道出版社，2006.

[8] 汪凤炎.德化的生活［M］.北京：人民出版社 2005.

[9] 吴铎.德育课程与教学论［M］.杭州：浙江教育出版社，2003.

[10] 佘双好.现代德育课程论［M］.北京：中国社会科学出版社，2003.

[11] 燕国材.素质教育概论［M］.广州：广东教育出版社，2002.

[12] 毛家瑞，孙孔懿.素质教育论［M］.北京：人民教育出版社，2001.

[13] 陶行知.陶行知全集第二卷［M］.长沙：湖南教育出版社 1985.

[14] 陈艾华，何秀.校企协同育人的核心理念、诉求辨析及响应路径［J］.中国高校科技，2020（04）：79-82.

[15] 杨薏琳.面向职业教育现代化建设的产教联盟协同育人研究［J］.教育与职业，2020（12）：12-18.

[16] 马树超，郭文富.高职教育深化产教融合的经验、问题与对策［J］.中国高教研究，2018（04）.

[17] 孙雷."卓越计划"理念下的校企协同育人机制探索［J］.江苏高教，2016（04）：85-87.

[18] 王迪，贺佐成.五年制与三年制高职学生学习能力比较研究——以部分广东高职院校学生为例［J］.高教探索，2014（4）：121-126.

[19] 郭惠芬.积极心理学视角下五年制高职班级管理模式探究［J］.职教通讯，2014（20）：65-69.

[20] 傅玉峰. 职业学校班主任专业化发展的思考［J］. 职教通讯, 2010（12）: 79.

[21] 柳礼泉, 黄艳, 张红明. 论思想政治理论课教学设计的基本环节与着力点［J］. 思想理论教育导刊, 2009（4）97-99.

[22] 蒋乃平. 职教思政课开发的特殊性［J］. 职业技术教育, 2008（19）.

[23] 钟红常. 以"职业人的教育"为核心理念建设职教校园文化［J］. 中国职业技术教育, 2008（14）29+32.

[24] 任勇. 学生、教师、校长发展与核心竞争力［J］. 中小学校长, 2008（10）26-28.

[25] 邹海文. 说课是强化思政课效果的一种好形式［J］. 中国职业技术教育, 2007（22）.

[26] 佘双好. 高校实践德育课程建设的基本内容理论依据和现实策略［J］. 江南大学学报: 人文社科版, 2004（5）: 11-15.